NOUVELLE BIBLIOTHÈQUE
DRAMATIQUE

PRIX : **50 CENTIMES**

LIBRAIRIE INTERNATIONALE
15, BOULEVARD MONTMARTRE

CENDRILLON

OU LA PANTOUFLE MERVEILLEUSE

GRANDE FÉERIE EN CINQ ACTES ET TRENTE TABLEAUX

PAR MM. CLAIRVILLE, ALBERT MONNIER ET ERNEST BLUM

MUSIQUE NOUVELLE DE M. VICTOR CHÉRI. BALLETS DE M. HONORÉ. DÉCORS DE MM. CHÉRET, FROMONT, ROBECCHI. MACHINES DE M. RIOTTON. COSTUMES DESSINÉS PAR M. GRÉVIN

Représentée pour la première fois, à Paris, sur le Théâtre Impérial du Châtelet, le lundi 4 juin 1866

DIRECTION DE M. HIPPOLYTE HOSTEIN

DISTRIBUTION DE LA PIÈCE :

Personnage	Interprète
LE ROI HURLUBERLU XIX, DE LA PINCHONNIÈRE, gentilhomme campagnard.........	MM. LESUEUR.
	AMBROISE.
LE SÉNÉCHAL JOLICOCO...	WILLIAMS.
RIQUIQUI,..................	TOUZÉ.
FARHULAZ, génie de la montagne de feu.............	DONATO.
MACLOU, domestique,.........	THÉOL.
MARTEAUTILIFONTIDAS, concierge du palais............	NOEL.
UN GARÇON D'AUBERGE...	PLISSONNEAU.
LE PRINCE CHARMANT.....	Mmes DESCLOZAS.
CENDRILLON (Fleurette)......	IRMA MARIÉ.

Personnage	Interprète
URANIE DE LA HOUSPIGNOLLE.....................	Mmes CLARISSE MIROY.
JAVOTTE.... ses filles.	LAURIANNE.
MADELON...	MARIE GRANDET.
LUCIOLE, fée des vers luisants..	MARIANI.
OCULI, page d'Hurluberlu......	PANSERON.
LA PRÉSIDENTE DE LA COUR D'AMOUR,..............	DELVALLÉE.
AURORE,...................	BELL.
ISAURE...................	BERTHE.
YOLANDE..................	BLANCHE.
MERLUCHETTE, hôtelière,....	ÉLISA BELLAMY.
LA REINE DU SOLEIL......	GRUD. MÉRANTE.

Personnage	Interprète
LA PRINCESSE DE LA NUIT....,	Mmes MARDINI.
LES PRINCESSES DES ÉTOILES	VERNET. BUISSERET. ARDIZONNI. PAULINI.

Princesses des îles des Volcans, des îles Bleues, des îles dansantes, des grottes de cristal, des îles des Fleurs et des Papillons, Princesses de Trébizonde, des îles sauvages, etc. seigneurs et dames de la cour, Pages, Valets, Centaures, Gardes de toutes sortes, Cour d'amour, Fées, les Gens de la noce, Villageois, Paysannes, Monstres, Génies du feu, Vers luisants, etc.

ACTE PREMIER

Le théâtre représente la grande salle d'un vieux manoir.

—

SCÈNE PREMIÈRE.

MACLOU, ensuite JOLICOCO.

MACLOU, paysan vêtu d'une livrée burlesque. Il porte la hallebarde et le baudrier à la façon des suisses d'église. Il est à la fenêtre et regarde au dehors. Les v'là partis : dans cinq minutes y s'ront mariés. Ah ! ça fait une belle noce tout d'même ! c'est dommage que j'n'en soyons point... Y m'semble pourtant qu'avec un costume pareil... (Il se carre.)

JOLICOCO, entrant. Hé ! la maison ! hé ! quelqu'un !

MACLOU, saluant à terre. Ah ! c'est le grand sénéchal ! Me voilà, monseigneur ! me voilà !

JOLICOCO. Eh bien ! où est donc la noce ?

MACLOU. La noce ?... Elle vient de partir.

JOLICOCO, se récriant. Elle est partie !...

MACLOU. Oh ! mais vous pouvez encore la rattraper ; elle vient de tourner la place du village, et...

JOLICOCO, se laissant tomber dans un fauteuil. Courir après une noce qui ne m'attend pas, moi, Jolicoco, grand sénéchal d'Hurluberlu XIX !

MACLOU. Dame, c'était pour onze heures, et il est...

JOLICOCO, se levant. Il est midi... Crois-tu donc, faquin, que ma dignité me permette d'arriver à l'heure ?

AIR de *Marianne*.

AIR de *Marianne*.

A l'heure, dois-je donc me rendre,
Comme le dernier des bourgeois?
J'ai le droit de me faire attendre,
Moi qui possède tous les droits :
Droits de naissance,
De préséance,
Droit de conquête et droit de collateur,
Droit de minage,
Droit de jambage,
Droits féodaux, tous les droits du seigneur,
J'arrive tard, par étiquette.

MACLOU.

Certainement, et je conçois
Qu'on ait, lorsqu'on a tous les droits,
Le droit d'être malhonnête. (*Bis.*) (*A mi-voix.*)

JOLICOCO. Certainement, certainement, c'est mon droit! Ah ça! quel diable de costume as-tu là?
MACLOU. C'est ma nouvelle maîtresse qui me l'a fait faire, « Maclou, qu'elle m'a dit à ce matin, vous n'êtes plus valet de ferme, vous êtes valet de chambre, et v'là vot'costume. » Y m'gêne un peu... mais ça m'flatte, parce qu'il me va bien, n'est-ce pas? (Il se recarre.)
JOLICOCO. Mais oui; pas mal, pas mal.
MACLOU. De plus qu'elle m'a dit encore : « Tu ne l'appelles plus Maclou, tu t'appelles Girandole... » Moi, ça m'est égal, quoique Maclou était plus joli.
JOLICOCO. Quelle femme est-ce donc que ta maîtresse?
MACLOU. Oh! une crâne belle femme allez : et noble, et majestueuse! Sans compter qu'elle vous a des noms! Ah! monseigneur, quels beaux noms! Amable-Uranie de la Houspignolle!
JOLICOCO. Diable! Elle est donc née?
MACLOU. Si elle est née!
JOLICOCO. Oui...
MACLOU. J'crois bien qu'elle est née, puisqu'elle épouse not'maître,
JOLICOCO. Imbécile; je te demande si elle est noble?
MACLOU. Comment! vous ne le savez pas?
JOLICOCO. — Ma foi non, ou je l'ai oublié. Il y a déjà quinze jours que ton maître, ce croquant de la Pinchonnière, m'a fait part de son mariage. Hier il m'a envoyé son filleul pour m'avertir que l'on signait ce matin, à onze heures; mais j'ai tant de tracas... Enfin elle est noble.
MACLOU. C'est-à-dire qu'elle a dix-sept quartiers de plus que son mari...
JOLICOCO. Dix-sept quartiers!
MACLOU. Je l'ai entendu dire; oui, elle a dix-sept quartiers... et deux ans de plus que not'maître.
JOLICOCO. Ah! diable! les quartiers, c'est bien; mais les années...
MACLOU. Oh! ça ne l'empêche pas d'être magnifique, et quand vous la verrez... (Acclamations joyeuses. Maclou, allant à la fenêtre.) Et tenez, v'là la noce qui revient.
JOLICOCO. Déjà!...
MACLOU. Pardine! y n'avaient qu'à signer.
CRIS AU DEHORS. Vive monseigneur!
MACLOU. Hein! comme on les fête!
JOLICOCO, à la fenêtre. Eh! mais tu avais raison; elle est très-belle cette femme-là!...
MACLOU. N'est-ce pas, monseigneur?
JOLICOCO. Belle et noble! hé! hé! hé! Je viendrai voir souvent ce croquant de la Pinchonnière.
MACLOU. Les v'là qui rentrent... Oh! madame sera joliment contente de vous voir, allez!
JOLICOCO. Et moi donc...
CRIS AU DEHORS. Vive monseigneur!...

SCÈNE II.

LES MÊMES, DE LA PINCHONNIÈRE, URANIE, TOUTE LA NOCE.

La noce entre en dansant. De la Pinchonnière porte un gros bouquet au côté. Uranie de la Houspignolle est en costume de mariée, avec de la fleur d'oranger à profusion.

CHŒUR DES INVITÉS.

Air du *Marquis de Carabas*.

Célébrons l'alliance
Qui réjouit nos cœurs.
Grâce, vertus, constance
Donnent tous les bonheurs.
Et sagesse et beauté,
Et noblesse et santé
D'un époux transporté
Font la félicité...

TOUS LES VILLAGEOIS. Vive monseigneur!
DE LA PINCHONNIÈRE. Merci, merci, mes amis. (Apercevant Jolicoco.) Ah! voilà! Monseigneur, vous avez donc daigné... (A sa femme.) Permettez-moi, madame, de vous présenter le grand sénéchal de l'illustre Hurluberlu, notre gracieux monarque.
URANIE, baissant les yeux et saluant. Monseigneur!...
JOLICOCO. Madame!...
DE LA PINCHONNIÈRE, Amable-Uranie de la Houspignolle, depuis un instant madame de la Pinchonnière.
JOLICOCO. Mes félicitations... Et maintenant que je m'excuse. J'avais promis de signer au contrat; mais il s'agite à la cour de si graves questions...
DE LA PINCHONNIÈRE. Ah! mon Dieu! est-ce que le roi?
JOLICOCO. Non, non, le roi boulotte; mais il se fait vieux, très-vieux, et malgré sa haute sagesse, il y a des moments où il semble complètement idiot.
DE LA PINCHONNIÈRE. En effet, je me suis laissé dire... et l'on prétendait même que son fils, le prince Charmant!...
JOLICOCO. Oh! c'est une bien autre histoire... Un prince adorable, qui ne veut adorer personne : les femmes lui font peur; il a horreur du mariage.
DE LA PINCHONNIÈRE. Horreur!...
JOLICOCO, riant. Le fait est que le mariage, entre nous.
DE LA PINCHONNIÈRE, vivement. Hum! hum!
JOLICOCO. Oh! (Se reprenant.) Pour un jeune prince... pour un jeune prince.
URANIE, noblement et avec modestie. Oh! ne vous reprenez pas, monsieur le sénéchal; qu'importe la présence d'une faible femme?
JOLICOCO. Croyez que!...
URANIE. Les attaques, les dédains, les sarcasmes ne sont-ils pas notre cortège ordinaire?
JOLICOCO, s'excusant. Madame!...
URANIE. Ne sommes-nous pas vos esclaves, nous autres, pauvres fleurs cueillies à peine nées?
DE LA PINCHONNIÈRE, avec galanterie. Nos esclaves!...
URANIE, à son mari. Je le savais, monsieur, et je vous ai épousé. N'est-ce pas vous dire que vous êtes mon seigneur et maître?
DE LA PINCHONNIÈRE. Mais je n'entends pas cela, et je vous prie...
URANIE, impérieusement. Assez, Conrad; vos vassaux attendent des ordres pour la fête.
DE LA PINCHONNIÈRE. Ah! diable! oui, mais je ne sais que leur dire; il est midi et demi, le repas de noce est pour cinq heures; si nous dansions jusqu'à l'heure du repas?
LES INVITÉS. Oh! oui, la danse; bravo!
URANIE, doucement. Vous ne réfléchissez pas, monsieur, que je ne puis rester dans ces atours, et que j'ai besoin de repos.

DE LA PINCHONNIÈRE. C'est vrai, je ne réfléchissais pas. (Aux invités.) Madame de la Pinchonnière a besoin de repos; que tout le monde s'en aille...
LES INVITÉS. Ah!...
DE LA PINCHONNIÈRE. S'en aille au cabaret, chanter, rire et trinquer à la santé et aux frais des époux.
TOUTE LA NOCE, avec joie. Ah!...
DE LA PINCHONNIÈRE. Quant à vous, mon cher sénéchal, si vous voulez bien m'accompagner...
JOLICOCO. Pardon... mais mon service me rappelle au palais. Oh! je reviendrai; je veux, au repas de noce, boire à la santé de la mariée.
URANIE, saluant. Monseigneur!

DE LA PINCHONNIÈRE.

Air des *Gandins*. (NARGEOT.)

A cinq heures, ici, soyez tous!
C'est l'heure du rendez-vous.

TOUS,

A cinq heures, comptez sur nous,
Nous serons au rendez-vous.

DE LA PINCHONNIÈRE, bas, à Jolicoco.

Hein! n'est-ce pas qu'elle est charmante?

JOLICOCO,

Oui, mon cher, je vous complimente;
Tous ses airs ont de la grandeur.

DE LA PINCHONNIÈRE.

Et c'est un ange de candeur.

REPRISE DU CHŒUR.

(Sortie générale. Maclou s'est planté à la fenêtre. De la Pinchonnière reconduit le sénéchal. Uranie descend en scène.)

SCÈNE III.

URANIE, DE LA PINCHONNIÈRE, MACLOU.

URANIE, à part. Enfin nous allons être seuls!... (A Maclou.) Girandole!... (A part.) Il n'y a plus à hésiter. (A Maclou.) Girandole!...
DE LA PINCHONNIÈRE, revenant en scène. Maclou!...
MACLOU. Monsieur!
DE LA PINCHONNIÈRE. Tu n'entends pas que madame t'appelle?
MACLOU. Moi?
URANIE. Sortez, fermez cette porte, et ne laissez entrer personne.
MACLOU. Oui, madame. (Sortant.) Ah! c'est vrai je suis Girandole, je l'avais oublié. (Il sort et ferme la porte.)
DE LA PINCHONNIÈRE. Vous n'êtes pas souffrante, chère amie?
URANIE. Non, monsieur, non; mais j'ai besoin de causer avec vous. (Elle tousse.) Hum! hum!
DE LA PINCHONNIÈRE. C'est un bonheur.
URANIE. Ne vous hâtez pas de vous réjouir; ma confidence va peut-être... (Elle tousse.) Hum! hum!
DE LA PINCHONNIÈRE. Il s'agit d'une confidence?
URANIE. Oui, monsieur; j'ai un aveu, un aveu pénible à vous faire. (Elle tousse.) Hum! hum!
DE LA PINCHONNIÈRE. Ah! mon Dieu! vous m'effrayez!...
URANIE. Vous vous rappelez, monsieur, comment s'est fait notre mariage; né de la sympathie, il n'a pas été précédé d'une longue connaissance.
DE LA PINCHONNIÈRE. Mon Dieu, non! Vous habitiez un village aux environs, vous sortiez

quelquefois ; moi je me promène toujours. Nous nous sommes souvent rencontrés, vous m'avez plu. J'ai eu l'audace de vous le dire, vous m'avez avoué que vous ne détestiez pas les chinchilla...

URANIE. Cet aveu n'est pas le seul que je vous aie fait, monsieur ; j'ai dû vous dire encore que j'étais veuve.

DE LA PINCHONNIÈRE. Oui, et cela m'a fourni l'occasion de vous apprendre que j'étais veuf aussi.

URANIE. Là s'est arrêté mon courage. (Elle tousse.) Hum ! hum !

DE LA PINCHONNIÈRE. Votre courage!

URANIE. Retenue par une timidité insurmontable, rougissant des choses les plus simples, les plus naturelles, les plus sacrées même, je n'ai jamais osé vous dire...

DE LA PINCHONNIÈRE. Me dire...

URANIE. Que de mon premier mariage... Hum! hum!

DE LA PINCHONNIÈRE. Achevez...

URANIE, allant s'asseoir. Voyez, je tremble, et pourtant...

DE LA PINCHONNIÈRE. Ne tremblez pas!... Vous disiez : de votre mariage...

URANIE. Il est né...

DE LA PINCHONNIÈRE, répétant. Né...

URANIE. Deux enfants...

DE LA PINCHONNIÈRE. Vous avez?...

URANIE. Ah! ne m'accablez pas...

DE LA PINCHONNIÈRE, riant. Moi, mais pas du tout ; j'aime beaucoup les enfants...

URANIE. Vrai?

DE LA PINCHONNIÈRE. Et ces enfants, ce sont?...

URANIE. Deux demoiselles...

DE LA PINCHONNIÈRE. Bien jeunes alors, si j'en juge d'après leur mère.

URANIE. Oui... monsieur... deux... petites filles.

DE LA PINCHONNIÈRE, enchanté. Mais j'adore les petites filles!

URANIE. Ah! que vous êtes bon! Je n'espérais pas tant de bonté : je les avais fait venir pour plaider ma cause...

DE LA PINCHONNIÈRE. Elles sont ici?

URANIE. Elles doivent arriver avant une heure.

DE LA PINCHONNIÈRE. Ah! parbleu! c'est le ciel qui les envoie, car, moi aussi, madame, je suis la victime d'une timidité insurmontable ; moi aussi je rougis des choses les plus simples, les plus naturelles, les plus sacrées, et moi aussi je vous faisais un mystère...

URANIE. Vous, monsieur?

DE LA PINCHONNIÈRE. Nous avions le même secret...

URANIE. Le même...

DE LA PINCHONNIÈRE, riant. Moi aussi j'ai une fille.

URANIE. Vous avez?...

DE LA PINCHONNIÈRE. Est-ce drôle, hein?

URANIE, se contenant à peine. Eh quoi! vous me cachiez?...

DE LA PINCHONNIÈRE. Comme vous, par timidité.

URANIE. Moi, c'est bien différent...

DE LA PINCHONNIÈRE. En quoi donc?

URANIE. Une femme!

DE LA PINCHONNIÈRE. Oui, sous ce rapport...

URANIE. Et puis j'étais veuve...

DE LA PINCHONNIÈRE. Eh bien! moi aussi, j'étais veuf.

URANIE. Oui, oui, sans doute, mais...

DE LA PINCHONNIÈRE. Mais?...

URANIE. Quel âge a-t-elle, cette belle demoiselle?

DE LA PINCHONNIÈRE. Dix-sept ans.

URANIE. Ah! est-elle jolie?

DE LA PINCHONNIÈRE. Ce n'est pas pour me flatter, mais c'est tout mon portrait... en beau... en beau.

URANIE, éclatant. Assez... assez...

DE LA PINCHONNIÈRE. Qu'avez-vous?

URANIE, se calmant. Rien.

DE LA PINCHONNIÈRE. Mais encore?...

URANIE, tombant dans les bras de la Pinchonnière. Ah! Conrad, vous avez aimé une autre femme.

DE LA PINCHONNIÈRE. Eh quoi! c'est pour cela...

URANIE. Je suis folle... pardon!... l'émotion, le trouble... J'ai besoin de calme, de repos... A tout à l'heure... à tout à l'heure... (De la Pinchonnière veut la retenir, elle lui dit brusquement.) Laissez-moi, monsieur... (Avec rage.) Il a une fille! (Elle sort furieuse.)

SCÈNE IV.

DE LA PINCHONNIÈRE, seul. Comment! elle est jalouse de mon passé? Eh bien! et elle aussi elle a aimé un autre homme. Je n'ai qu'une fille, moi, et elle en a deux... et une couronne de fleurs d'oranger, ce que je trouvais déjà trop fort de la part d'une veuve.

AIR : *Et les barbons règnent toujours.*

Une veuve, avec sa noblesse,
Pouvait bien porter sans danger
Une couronne de comtesse ;
Mais celle de fleurs d'oranger,
Ça se fait peu dans nos familles ;
Et je trouve assez biscornu
De porter, quand on a deux filles,
La preuve qu'on n'en a jamais eu.

Enfin, c'est égal, la confidence est faite. Il n'y a plus que mon filleul Riquiqui dont je n'ai pas encore parlé... il est à l'école du village voisin, et j'ai tout le temps... Mais ça n'est pas tout cela... elle est jalouse : il faut redoubler de gentillesse. Ses deux petites filles vont venir, je cours leur chercher des joujoux, ça fait que nous serons tout de suite fort bien ensemble et que... (Il se jette dans Riquiqui qui entre.) Hein! quoi!...

SCÈNE V.

DE LA PINCHONNIÈRE, RIQUIQUI.

RIQUIQUI, vêtu en écolier, avec des livres en sautoir, une culotte percée de laquelle sort un bout de chemise. Pardon, parrain, je crois que je vous ai écrasé.

DE LA PINCHONNIÈRE. Comment! c'est toi?... Qui t'amène?

RIQUIQUI. Parrain, l'école est fermée, le magister a mal aux dents... (A part.) C'est pas vrai!

DE LA PINCHONNIÈRE. Diable! diable! diable! Eh bien, mon garçon, tu vas partir pour la ferme ; il y a longtemps que je n'ai donné de mes nouvelles à Fleurette, ma fille. Tu lui diras que je me porte bien, et que... Non, c'est tout ce que tu lui diras... Ou plutôt... (Revenant sur ses pas et s'éloignant de nouveau.) Non! attends-moi... pas ici, dehors ; je vais, chemin faisant, réfléchir à ce que tu dois lui dire. (Il sort vivement.)

SCÈNE VI.

RIQUIQUI, seul. Aller à la ferme, parler à mademoiselle Fleurette, ça me va! Je pourrai rêver en route, rêver à celle que j'aime, car j'aime! oh! j'aime avec toutes les frénésies d'une âme purpurine. (Il remonte, et pour la première fois montre au public sa culotte percée. Après avoir regardé à gauche et à droite, redescendant.) C'était il y a un mois, l'air était pur, le ciel radieux, la campagne embaumée, les vaches rentraient silencieuses à l'étable. J'étais seul dans la nature! (D'un ton naturel.) Je retirais quelque chose de mon sabot, c'était un clou. Tout à coup, j'entends le galop d'un cheval... je me retourne, c'était un âne, et sur cet âne, était montée une jeune personne, belle, si belle qu'en la voyant je jetai un cri. L'âne lança une ruade, et la belle demoiselle... patatras !

AIR : *Titilariti.*

PREMIER COUPLET.

Je la vois immobile,
Encor sur le gazon.
Et depuis j'en perds la raison,
Car voyez quel fut son guignon ;
Elle était tombée pile,
Et devant un garçon !
Cet heureux garçon, eh bien c'était qui ? } *Bis.*
C'était Riquiqui... c'était Riquiqui.

DEUXIÈME COUPLET.

Redoutant sa colère,
Je me suis ensauvé...
Mais depuis, d'elle j'ai rêvé ..
Ce portrait, dont j'ai conservé
La mémoire si chère,
Dans mon cœur est gravé.
Elle-même aussi doit penser à qui ? } *Bis.*
Si ce n'est à lui... à lui Riquiqui.

Depuis, je fais l'école buissonnière, je la cherche partout pour lui dire...

FLEURETTE, au dehors. De ce côté? Merci monsieur.

RIQUIQUI. Hein! qu'est-ce que j'entends là?

FLEURETTE, toujours au dehors. Oh! c'est inutile, je trouverai bien toute seule.

RIQUIQUI. La voix de mam'zelle Fleurette!

SCÈNE VII.

RIQUIQUI, FLEURETTE, en paysanne.

FLEURETTE, entrant. Ah! quelqu'un... Pardon, monsieur... Que vois-je? Riquiqui!

RIQUIQUI. Vous ici! mam'zelle?

FLEURETTE. J'étais inquiète. Mon père n'est pas malade?...

RIQUIQUI. Malade!... bien au contraire.

FLEURETTE. Ah! le ciel soit loué... voilà plus de quinze jours qu'il n'est venu à la ferme, quinze jours que je n'ai vu personne, pas même toi.

RIQUIQUI. Moi, j'étais dans les champs; (se reprenant.) c'est-à-dire à l'école... mais je devais aujourd'hui même... Votre père sort d'ici... et il vient de me dire que je l'attende, parce que j'allais partir pour la ferme, et que je vous dirais... puis il s'est repris pour me dire... que je ne vous dirais rien... puis il est revenu pour me dire... qu'il allait réfléchir à ce que je vous dirais...

FLEURETTE. Que signifie?...

RIQUIQUI. Ah! il s'est passé du nouveau depuis quinze jours.

FLEURETTE. Quoi donc?

RIQUIQUI, hésitant. Ah! dame, voilà! Si mon parrain réfléchit, en ce moment, que je ne dois pas vous en parler, et que je vous en parle...

FLEURETTE. Tu m'inquiètes!... Est-ce quelque chose de malheureux?

RIQUIQUI. Non, mam'zelle, bien au contraire.

FLEURETTE. Oh! alors tu peux te taire, je ne suis pas curieuse.

DE LA PINCHONNIÈRE, dehors. Une paysanne! qui donc?

FLEURETTE. Cette voix?

RIQUIQUI. C'est la sienne...

SCÈNE VIII.

LES MÊMES, DE LA PINCHONNIÈRE, entrant avec des joujoux sur les bras.

FLEURETTE. Mon père !...

DE LA PINCHONNIÈRE. Fleurette !...

FLEURETTE. Enfin je vous revois.

DE LA PINCHONNIÈRE. Prends garde ! prends garde ! tu vas abîmer...

FLEURETTE. Tiens ! des poupées ! Est-ce pour moi ?

DE LA PINCHONNIÈRE. Pour toi ? oh ! non, tu es trop grande. Riquiqui, laisse-nous.

RIQUIQUI. Oui, parrain ! (A part.) J'vais rêver dans les champs. O amour... amour !... (Il se mouche sur sa manche et sort.)

DE LA PINCHONNIÈRE. Comment se fait-il que tu sois ici ?

FLEURETTE. J'étais étonnée de ne plus voir personne : cela m'inquiétait... La voiture du père Jacques allait passer par ici, et je suis montée dedans.

DE LA PINCHONNIÈRE. Diable ! diable ! diable ! diable ! diable !

FLEURETTE. Est-ce que ma présence vous contrarie ?

DE LA PINCHONNIÈRE. Non, ce n'est pas cela, au contraire... quoique, à te parler vrai, elle m'embarrasse un peu...

FLEURETTE. Je vais repartir alors.

DE LA PINCHONNIÈRE, toujours hésitant. Non, non, tu as peut-être bien fait, quoique... Ah ! ma foi, tant pis ! je vais aussi tout te raconter.

FLEURETTE. Parlez, mon père...

DE LA PINCHONNIÈRE. Mon Dieu, ma pauvre chère petite... depuis que tu vis à la ferme... (S'interrompant.) Comprends-moi bien... Moi, vois-tu, je suis toujours presque seul ; ça m'ennuie, j'ai besoin de distractions.

FLEURETTE. Il fallait donc me rappeler.

DE LA PINCHONNIÈRE. Oui, mais non... parce que... comprends-moi bien... à mon âge, on a besoin de société... et puis une circonstance... une rencontre que j'ai faite... enfin, c'est une bonne nouvelle que je vais t'annoncer... je me suis remarié...

FLEURETTE. Remarié !... remarié !...

DE LA PINCHONNIÈRE. Ma foi, oui ; c'est par hasard, ça s'est fait presque tout de suite... et si je ne t'ai pas prévenue, c'est que... Qu'as-tu donc ? tu pleures...

FLEURETTE.

AIR : *Faut l'oublier.*

Je ne sais pas ce que j'éprouve...
Ah ! pardonnez à ma douleur,
L'hymen qui fait votre bonheur,
Sans le connaître je l'approuve.
Mais je pleure en me retraçant
Une image toujours bien chère,
Je pleure, surtout, en pensant
Que je vais avoir une mère, }
Dont je ne serai pas l'enfant. } *Bis.*

DE LA PINCHONNIÈRE. Mais, ma chère Fleurette, quand tu la connaîtras....

FLEURETTE.

DEUXIÈME COUPLET.

Vous aviez dit à ma marraine :
J'ai perdu celle que j'aimais,
Je ne me remarierai jamais !
Pardon ! je vous fais de la peine.
Je sais que tout n'a qu'un instant,
Que la douleur la plus amère,
Le temps l'efface bien souvent ;
Mais moi j'aime encore ma mère
Autant qu'elle aimait son enfant.
Ah ! oui, j'aime encore ma mère
Autant qu'elle aimait son enfant.

DE LA PINCHONNIÈRE, très-ému. Oui, oui, certainement... tu as raison ; tout ce que tu viens de dire là... mais...

URANIE, en dehors. Attendez-moi, je reviens.

DE LA PINCHONNIÈRE. Ciel !... (A sa fille en la conduisant à la porte intérieure.) Entre là !.. entre là...

FLEURETTE. Pourquoi donc ?

DE LA PINCHONNIÈRE. Tu sauras pourquoi ; dans un instant je t'appellerai. (Il referme la porte.) Il faut au moins que j'aie le temps de préparer... Ah ! j'aurais dû prévoir cela.

SCÈNE IX.

LES MÊMES, FLEURETTE cachée, URANIE, puis JAVOTTE et MADELON, ensuite le SÉNÉCHAL.

URANIE, entrant majestueusement. Monsieur ! mesdemoiselles de la Houspignolle sont là.

DE LA PINCHONNIÈRE. Ah ! je grille du désir de les voir, de les embrasser. (Il reprend les joujoux.)

URANIE. Je vais vous les amener. (Elle retourne à la porte.)

DE LA PINCHONNIÈRE. Et vite, vite, mes jouets !...

URANIE, à la porte. Venez, mes bébés.

DE LA PINCHONNIÈRE, allant au-devant d'elles avec les poupées et se baissant, croyant parler à des petites filles. Ah ! aimables enfants, que je suis heureux ! (Il les aperçoit et se redresse.) Oh ! sapristi ! (Entrent deux grandes filles. Javotte, la tête altière, se tenant comme une reine ; Madelon, avec l'air nonchalant et paresseux qui lui est habituel.)

URANIE. Qu'avez-vous donc, monsieur ?

DE LA PINCHONNIÈRE, tenant ses jouets derrière son dos. Rien ! rien du tout, chère madame ; je suis ravi, émerveillé... Je ne m'attendais pas... (En reculant, il est arrivé à la fenêtre et jette ses jouets dehors.)

URANIE. Mais qu'avez-vous donc à reculer ainsi ?

DE LA PINCHONNIÈRE, revenant. C'est la surprise... la joie... Ces belles demoiselles veulent-elles me permettre de les embrasser ?

JAVOTTE, protestant. Mais !...

MADELON. Faut-il, maman ?

URANIE. Permettez, mes ninis.

DE LA PINCHONNIÈRE, embrassant Javotte. Mademoiselle...

JAVOTTE, à part. Ah ! je lui croyais un air plus noble.

DE LA PINCHONNIÈRE, à Madelon. Mademoiselle...

MADELON, nonchalamment. Oh ! ne me chiffonnez pas.

DE LA PINCHONNIÈRE. Ah ! ma foi, pendant que nous y sommes, nous ferons connaissance pleine et entière ; je vais, à mon tour, vous présenter votre troisième fille.

URANIE. Elle est ici ? (Elle se rapproche de ses filles.)

DE LA PINCHONNIÈRE. Oui, par un heureux hasard. (Allant à la porte.) Viens, Fleurette, viens... (Entre Fleurette.) Vas embrasser ta mère et tes deux sœurs.

URANIE, reculant. Ah ! qu'est-ce que c'est que ça ?

JAVOTTE, avec dédain. Notre sœur, une paysanne !

MADELON, même jeu. Une domestique !

DE LA PINCHONNIÈRE, furieux. Domestique !... ma fille !...

FLEURETTE. Mon père. (Elle essaye de le calmer.)

ENSEMBLE.

AIR de M. Victor Chéri.

O scandale ! infamie !
Quelle abomination !
C'est toute une avanie.
Une mystification !

DE LA PINCHONNIÈRE.

Et d'où viennent ces airs revêches,
Mesdemoiselles les pimbêches ?

URANIE.

Mes filles des pimbêches ?... Tiens !

(Lui donnant un soufflet.)

DE LA PINCHONNIÈRE.

Ciel ! un soufflet !

FLEURETTE.

Mon pauvre père !

(Jolicoco entre et se rapproche d'un air galant.)

URANIE.

Fuyez, redoutez ma colère.
Je brise nos affreux liens.

FLEURETTE, allant à elle.

Madame, de grâce !

URANIE.

Encore elle !
Ah ! tu me parles, péronnelle ?

Tiens ! (Elle veut lui donner un soufflet, le Sénéchal, qui s'est approché sans être remarqué, le reçoit en plein visage.)

LE SÉNÉCHAL.

Sapristi ! cela fait du mal !

URANIE.

Grand Dieu ! monsieur le Sénéchal.

REPRISE ENSEMBLE.

O scandale ! infamie !
Quelle abomination !
C'est toute une avanie.
Une mystification !

(Uranie et ses filles s'efforcent de calmer le Sénéchal. Fleurette entraîne son père par une autre porte. — Le décor change.)

Le théâtre représente les jardins du palais d'Hurluberlu XIX. Grand escalier de marbre au fond.

—

SCÈNE PREMIÈRE

JOLICOCO.

(Après le changement à vue, Jolicoco entre, suivi de pages.)

JOLICOCO, à lui-même. Allons bon ! le roi mon maître est enrhumé du cerveau, et il refuse de présider la Cour d'amour : une cour de femmes... un tribunal en jupons... C'est pourtant gentil, cela... et bien capable de le remettre... Dire que c'est un jeune prince qui va comparaître devant ces ravissantes princesses, afin de répondre à l'accusation d'indifférence !... Oh ! vertuchou ! si j'étais à sa place ! (Musique.)

UN PAGE, annonçant. La Cour d'amour !

SCÈNE II

(Jolicoco, la présidente de la Cour d'amour, Aurore, Yolande, Isaure et dames de la Cour, gardes, pages. Les dames d'honneur, composant la Cour d'amour, descendent le grand escalier ; elles se constituent en tribunal pendant le chœur.)

AIR nouveau de M. Victor CHÉRI.

Qu'une Cour brillante et nouvelle
S'assemble en ce riant séjour :
De toutes les Cours, la plus belle,
N'est-elle pas la Cour d'amour?
Hommes, que votre pouvoir cesse;
A nous obéir, soyez prêts.
C'est par la voix d'une princesse
Qu'ici l'amour prononce ses arrêts.

REPRISE.

Une Cour brillante et nouvelle
S'assemble, etc.

AURORE. Le prince est averti, il attend que notre présidente l'appelle.

LA PRÉSIDENTE. La Cour d'amour est assemblée, la séance est ouverte! Le roi ne peut se rendre près de nous, mais, selon l'usage, il nous a délégué tous ses droits.

(A Aurore.) Qu'on introduise le rebelle. (Aurore sort, suivie de plusieurs dames de la Cour.)

LA PRÉSIDENTE. Il s'agit, mesdames, vous le savez, d'une cause peu ordinaire. L'amour a trouvé son maître. Un cœur échappe à son divin pouvoir ; c'est un outrage à notre sexe tout entier, et chacune de nous défendra sa cause, en plaidant celle de l'amour.

AURORE, redescendant l'escalier de marbre. Le prince Charmant!

SCÈNE III

LES MÊMES, LE PRINCE CHARMANT,
suivi de son escorte.

CHŒUR.

AIR nouveau de M. Victor CHÉRI.

C'est lui, le prince; il faut l'entendre!
Voyez, voyez, quel regard tendre!
Ce regard-là doit tout attendre
Des juges de la Cour
D'amour.

CHARMANT. Que signifie? pourquoi cette brillante assemblée?

LA PRÉSIDENTE. Cette assemblée, Prince, a pour mission de vous interroger.

LE PRINCE CHARMANT. Moi?

AURORE. Oui, Prince, vous êtes ici devant la Cour d'amour, et tant que durera son pouvoir, vous devez n'écouter qu'elle, n'obéir qu'à elle seule.

LE PRINCE CHARMANT. Qu'elle parle donc : j'écoute.

LA PRÉSIDENTE. Depuis un an le roi votre père vous prie de faire un choix parmi les plus merveilleuses princesses du monde entier, et c'est avec un froid dédain que vous avez accueilli les portraits de ces princesses...

LE PRINCE CHARMANT. Du dédain!... Oh! non.

LA PRÉSIDENTE. Du moins, une complète indifférence.

LE PRINCE CHARMANT. Est-ce ma faute?

AIR de Barbe-Bleue.

Sans doute j'ignore
Ce qu'est le bonheur :
Nulle femme encore
N'a séduit mon cœur.

Ce feu qui dévore
Sans faire mourir,
Ce mal qu'on adore,
J'en voudrais souffrir.

Quand tout le monde aime,
Tout, jusqu'aux oiseaux,
Jusqu'aux poissons même
Dans le fond des eaux

Quand l'homme et les bêtes,
Par tout l'univers,
De leurs amourettes,
Sont heureux et fiers;

Pour ne sentir naître
Aucun désir là,
Je n'ai pas, peut-être...
Ce qu'il faut pour ça.

Non, quoi qu'il m'en coûte
De le proclamer,
Je n'ai pas, sans doute,
Le pouvoir d'aimer.

De ne pas atteindre
Ce divin pouvoir,
Vous devez me plaindre
Et non m'en vouloir.

Ce n'est pas, en somme,
De ma faute, hélas!
Si je suis un homme
Comme on n'en voit pas.

LA PRÉSIDENTE. Il faut mettre à l'épreuve une semblable indifférence : faites approcher les cinq esclaves.

(Entrent cinq femmes qui personnifient les cinq sens : la première porte une lyre : c'est l'ouïe ; la seconde montre une coupe et une amphore : c'est le goût ; la troisième, la plus belle, s'est voilée un moment en entrant : c'est la vue ; la quatrième porte une guirlande de roses, et son costume est chargé de fleurs : c'est l'odorat ; la cinquième symbolise le toucher.)

SCÈNE IV.

LES MÊMES, LES CINQ ESCLAVES.

LA PRÉSIDENTE.

AIR nouveau de M. Victor CHÉRI.

(Désignant la première esclave, qui fait résonner sa lyre.)
Ecoute, écoute, aux accords de sa lyre,
Que ses accents arrivent jusqu'à toi.
(Montrant la deuxième esclave, qui lui présente une coupe.)
Puise en sa coupe un amoureux délire.
(La troisième esclave lève son voile.)
Vois son regard, elle n'aime que toi.
(Montrant la quatrième esclave.)
Que le parfum de ces fleurs te parvienne,
Les tendres cœurs ne battent qu'au printemps.
(La cinquième esclave prend la main du prince.)
Voilà sa main : presse-la dans la tienne
Et parle-nous de ce que tu ressens.
La tête moins haute...
Tu souris... Eh bien?

LE PRINCE CHARMANT.

Ce n'est pas ma faute,
Je n'éprouve rien.

ENSEMBLE.

Lui-même, il nous ôte
Tout espoir; eh bien!
Ce n'est pas sa faute,
Il n'éprouve rien.

LE PRINCE CHARMANT.

DEUXIÈME COUPLET.

(A l'ouïe.)
Vos doux accords plaisent à mon oreille,
(Au goût.)
Et ce nectar est certes des meilleurs.
(A la vue.)
En vous voyant, je vois une merveille.
(A l'odorat.)
J'aime beaucoup le parfum de vos fleurs.

(Au toucher.)
Je rends justice à cette main charmante,
Mais rien, hélas! ne peut toucher mon cœur.

(Toutes les esclaves se rapprochent du prince Charmant et forment un groupe tentateur.)

LA PRÉSIDENTE.

En insistant, parfois le charme augmente :
Il ne faut pas désespérer, seigneur.
Ainsi, côte à côte,
Qu'éprouvez-vous bien?

LE PRINCE CHARMANT.

Ce n'est pas ma faute,
Je n'éprouve rien.

TOUTES.

Ce n'est pas sa faute,
Il n'éprouve rien.

. (A peine le chœur est-il fini qu'un éclat de rire moqueur retentit derrière la Cour d'amour.)

UNE PETITE VIEILLE, se montrant. Ah! ah! ah! ah!

CHŒUR.

Qui se permet de rire ainsi?
Quelle est cette petite vieille,
Qui, sous une mise pareille,
Ose nous apparaître ici?

SCÈNE V.

LES MÊMES, LA FÉE DES VERS LUISANTS,
en petite vieille.

LA FÉE. Tout beau, tout beau, mes gentilles damoiselles! Je sais bien qu'une vieille femme aussi pauvrement mise n'est guère à sa place dans une Cour d'amour; mais qui sait si la pauvre vieille ne trouvera pas, mieux que toute autre femme, le moyen d'attendrir le cœur du prince?

TOUTES. Vous! (Riant.) Ah! ah! ah! ah!

JOLICOCO. Serait-ce là l'idéal du prince?

LA FÉE. Vous vous y prenez mal. J'ai mieux que des portraits, mieux même que des princesses... à offrir au prince. A moi, mes esclaves! (Trois esclaves paraissent, ils portent une corbeille de fleurs.)

JOLICOCO. Elle a des esclaves? Ah! les vilains cocos!

LA FÉE. L'amour qui se donne, l'amour qui s'impose n'est jamais écouté. L'amour n'est puissant que lorsqu'il s'entoure d'obstacles, et qu'il a pour mobile et pour auxiliaire l'inconnu. Moi aussi je vais présenter au prince une image; mais non pas un simple portrait. Un buste, un buste vivant.

TOUS. Vivant!

LA FÉE. Regardez. (Les fleurs de la corbeille s'élèvent en baldaquin. Au milieu des roses, Fleurette apparaît à mi-corps.)

TOUS. Qu'elle est jolie!

LE PRINCE CHARMANT. Oh! la ravissante figure!

JOLICOCO. Comment! au lieu de lui donner une femme pour moitié, elle veut lui donner une moitié de femme?

LA FÉE. Attendez, attendez. Eh bien! prince?

LE PRINCE CHARMANT. Ah! je ne sais ce que j'éprouve... Cette jeune fille, qui est-elle?

LA FÉE. Demande-le à elle-même.

LE PRINCE CHARMANT. Apparition charmante, qui es-tu?

FLEURETTE, dans la corbeille.

AIR de M. Victor CHÉRI.

J'obéis au pouvoir suprême,
Qui seul me protége ici-bas,
Et sans me connaître moi-même...
Mais cherche, et tu me trouveras.

(Elle disparaît. La corbeille reprend sa première forme.)

LE PRINCE CHARMANT. Grand Dieu! disparue, évanouie! Oh! je la retrouverai... je la retrouverai.

LA FÉE. Oui, quand tu te seras montré digne d'elle, et qu'elle-même aura mérité son bonheur.

LE PRINCE CHARMANT. Que faut-il faire?

LA FÉE, montant l'escalier du fond. Elle te l'a dit. Sache la chercher et la reconnaître; quelle que soit la position où elle t'apparaîtra, quel que soit son costume, quelle que soit sa figure.

LE PRINCE CHARMANT. Mais toi, qui es-tu?

LA FÉE. La fée des vers luisants. (Elle se métamorphose en jeune fée, et l'escalier de marbre se transforme en char ailé qui l'emporte dans les airs. Changement à vue.)

Le théâtre représente une vaste cuisine chez M. de la Pinchonnière. Au fond une grande cheminée où le feu pétille. Tous les accessoires d'une cuisine. Un potiron sur une table, ratière, etc., etc.

SCÈNE PREMIÈRE.

CENDRILLON, MADELON et JAVOTTE, au dehors.

CENDRILLON, assise au coin du feu et le soufflet en main.

AIR de Cendrillon (NICOLO).

Adieu, campagne et chambrette,
Petits oiseaux, belles fleurs;
Te voilà, pauvre Fleurette,
La servante de tes sœurs;
Pour la pincette et la pelle,
Chante comme le grillon;
Car c'est toi que l'on appelle
La petite Cendrillon.

JAVOTTE, au dehors. Cendrillon, mon café au lait!...

MADELON, au dehors. Cendrillon, mon pain grillé!...

CENDRILLON. Tout cela chauffe, mesdemoiselles mes sœurs.

LES DEUX SŒURS. Veux-tu te dépêcher, Cendrillon?

CENDRILLON.

DEUXIÈME COUPLET.

Retourner dans la chaumière?
Oh! non; car pour fuir ces lieux,
Il faudrait quitter mon père...
Mon père si malheureux.
Ah! lorsqu'il se désespère,
Heureuse sous ce haillon,
Qui peut consoler son père?
La petite Cendrillon.

SCÈNE II.

CENDRILLON, JAVOTTE, puis MADELON, ensuite URANIE DE LA HOUSPIGNOLLE, toutes en déshabillé du matin. Plus tard, DE LA PINCHONNIÈRE.

JAVOTTE, entrant. Eh bien! Cendrillon... et ce déjeuner, pour quand?

CENDRILLON. Je vous le prépare, mademoiselle ma sœur!

JAVOTTE. Ma sœur; ma sœur, vous n'avez que ce mot-là à la bouche... Est-ce que mademoiselle Javotte vous écorcherait la langue?

CENDRILLON. Si cela vous contrarie, je ne le dirai plus.

JAVOTTE. Certainement, cela me contrarie... une demoiselle de la Houspignolle n'aime pas à ce qu'on lui reproche constamment sa parenté avec des... paysans!...

CENDRILLON. Des paysans, mon père!...

JAVOTTE. Allons... c'est bon, servez le déjeuner.

MADELON, entrant nonchalamment. Cendrillon! Cendrillon! Ah ça!... à quoi penses-tu donc, petite malheureuse?

CENDRILLON. Mademoiselle Madelon!...

MADELON. Comment!... j'ai été forcée de border mon lit, moi-même! personne pour m'aider à mettre mes bas! (S'asseyant.) Tu es cause que je vais être lasse toute la journée: comme c'est agréable! (Elle s'assied.)

URANIE, entrant brusquement. Cendrillon! Cendrillon!

CENDRILLON. Madame ma mère?

URANIE, lui montrant un morceau de musique. Qu'est-ce que c'est que ça? mon grand air couvert de poussière, et vous appelez cela faire le ménage!...

CENDRILLON, confuse. Mais, madame ma mère!...

URANIE. Ah ça! vous croyez donc rester ici à ne rien faire, (Avec mépris.) mademoiselle Cendrillon?

DE LA PINCHONNIÈRE, entrant en pet-en-l'air. Des cris! qu'est-ce donc? qu'y a-t-il?

URANIE. Donnez-nous-la, vous!...

DE LA PINCHONNIÈRE. Quoi donc?

URANIE. La paix, parbleu!... Une fois pour toutes, mademoiselle... rappelez-vous qu'ici chacun a son emploi. Mes nobles filles et moi, nous cultivons les beaux-arts, la musique, la danse... C'est à vous, habituée aux travaux mercenaires, tristes fruits de votre éducation plébéienne, de vous occuper des soins du ménage.

DE LA PINCHONNIÈRE, à part. Ah! palsembleu! je vais me montrer...

URANIE. Chacune à sa place, c'est ma loi.

DE LA PINCHONNIÈRE, tirant son mouchoir d'un air résolu. Madame! madame!

URANIE, le regardant en face. Qu'est-ce que vous avez, vous?

DE LA PINCHONNIÈRE, timidement. Rien!... je me mouche.

URANIE. Je suis douce et bonne, tout le monde sait ça... mais quand ça ne marche pas à mon idée... v'lan!...

DE LA PINCHONNIÈRE, voulant se montrer. V'lan quoi! v'lan quoi! s'il vous plaît?

URANIE, prenant une assiette. Je brise... je casse tout. (Elle jette l'assiette à la volée. Jolicoco entre et en reçoit les éclats.)

JOLICOCO, criant. Ah! sapristi! Oh! la la!

SCÈNE III.

LES MÊMES, JOLICOCO.

URANIE. Ciel!... M. le sénéchal!

JAVOTTE. Et nous sommes en robe de chambre!

MADELON, se levant lentement. Sauvons-nous!

JOLICOCO, la retenant. Du tout, du tout; ne vous sauvez pas, ne vous envoyez pas, charmante colombe.

URANIE. Vous!... dans une cuisine?... Cendrillon, du feu au salon!

JOLICOCO. C'est inutile, je suis en course... et en course très-pressée... je vous demanderai seulement la permission de m'asseoir... je ne sais plus ce que je fais de mes jambes.

URANIE, avec empressement. Cendrillon, un fauteuil à M. le sénéchal.

JAVOTTE, avec empressement. Cendrillon, un coussin à M. le sénéchal.

MADELON. Cendrillon, un oreiller à M. le sénéchal.

DE LA PINCHONNIÈRE, révolté. Cendrillon! Cendrillon!... Ah! morbleu!

URANIE, le regardant fixement. Quoi?

DE LA PINCHONNIÈRE, intimidé. Oui, obéissez! tout ce qu'on vous demande à M. le sénéchal!... (Cendrillon exécute les ordres.)

URANIE. Maintenant, allez voir dans votre cheminée si j'y suis!

JOLICOCO. Oui, allez, petite; allez. (Cendrillon s'en va au fond.)

DE LA PINCHONNIÈRE, à lui-même. Comment! lui aussi? (Jolicoco est assis dans un grand fauteuil au milieu du théâtre, avec un coussin sous ses pieds et un oreiller derrière la tête. De la Pinchonnière remonte, tout doucement, pour consoler sa fille.)

JOLICOCO. Mesdames, tel que vous me voyez, je suis porteur d'une nouvelle qui va vous combler de joie!...

URANIE. De votre part, sénéchal, cela ne nous surprend pas.

JOLICOCO. Il faut vous dire que le prince, qui s'obstine à ne pas trouver une seule femme parfaite...

URANIE. Preuve qu'il a peu voyagé!

JOLICOCO. ... Revient beaucoup de ses premières idées.

TOUTES, moins Cendrillon. Ah!

JOLICOCO. Oui, il commence à croire à la possibilité de trouver une femme selon ses désirs; et ne reculant devant aucune dépense pour se la procurer, il s'est imaginé de donner à la cour un bal gigantesque, et d'y inviter toutes les dames du pays, même les plus ridicules. Chargé des invitations, j'ai naturellement pensé à vous, et je vous apporte quatre lettres... car il vous faut un cavalier.

URANIE. Quatre lettres?..., un bal à la cour!...

JAVOTTE. Nous irons au bal!

MADELON, lentement. Chez le roi?...

CENDRILLON, bas à son père. Au bal... elles... et moi... moi...

DE LA PINCHONNIÈRE. Attends! (Il s'approche crânement et dit:) Quatre lettres seulement, mais...

URANIE, avec violence. Mais quoi?... Est-ce que nous sommes plus de quatre ici?...

DE LA PINCHONNIÈRE, baissant la voix. C'est vrai... c'est ce que je voulais dire! nous ne sommes que quatre!... et encore... moi, je ne compte guère...

JOLICOCO. Je vous recommande de faire une toilette... pharamineuse... car le prince est un fantaisiste... et dame!... on ne sait pas...

URANIE. Ah! sénéchal!

JAVOTTE, à part. Si je pouvais plaire au prince!...

JOLICOCO, faisant le galantin. Je ne voudrais pourtant pas que mademoiselle Madelon fût trop jolie.

MADELON, minaudant. Et pourquoi donc, monsieur le sénéchal?

JOLICOCO. Rien... rien... Je vous dirai ça quand je serai reposé. (Avec passion.) Qu'il vous suffise de savoir que moi aussi... si j'avais le temps de dormir, il me semble que je rêverais... et que celle à qui je rêverais...

URANIE, à mi-voix. Sénéchal... prenez garde... nous n'avons que dix-sept ans...

JOLICOCO, à lui-même. Heureusement! (Haut.) Mais voici ma commission faite. Je vous laisse... j'ai encore dix-huit cent vingt-deux invitations à porter. A ce soir donc, chères mesdames.

AIR du Toréador (dans la Lanterne Magique.)
(V. CHÉRI.)

Oui, dès ce soir,
J'espère vous revoir;

Brillantes,
Abracadabrantes.
C'est un grand jour
Que le jour où l'amour
Vous invite au bal de la cour.

REPRISE.

URANIE ET SES FILLES.

Oui, dès ce soir,
Vous allez nous revoir,
Brillantes,
Abracadabrantes.
C'est un grand jour, etc.

DE LA PINCHONNIÈRE ET CENDRILLON.

Au bal ce soir
On ne va pas { la / me } voir.
Absente
D'un bal qui { me / la } tente,
Seule en ce jour,
Loin du bal de la cour,
Cendrillon reste en ce séjour.

(Jolicoco sort.)

SCÈNE IV.

LES MÊMES, moins JOLICOCO.

JAVOTTE. (Suite de l'air.)
Au bal! ah! j'en pleure de joie.

URANIE.
Cendrillon, dormez-vous encor?

MADÉLON.
Cendrillon, ma robe de soie!

JAVOTTE.
Cendrillon, ma couronne d'or!

TOUTES, bourrant Cendrillon.
Cendrillon,
Dépêchez-vous donc!

DE LA PINCHONNIÈRE, à part.
A la fin, ma rage est extrême;
Il est temps de me rebiffer.
(Haut.)
Madame....

URANIE, l'interrompant.
Allons, monsieur, vous-même
Vous allez venir me coiffer.

(De la Pinchonnière, calmé, fait un geste d'adhésion et suit sa femme.)

CHŒUR.

Allons, allons,
Dépêchons, dépêchons,
Vite à { leurs / vos } toilettes
De fêtes.
Allons, allons,
Dépêchons, dépêchons,
Cendrillon, Cendrillon,
Allons donc!

(Cendrillon suit humblement toute la famille, qui se rend à sa toilette.)

SCÈNE V.

RIQUIQUI, seul. Il passe la tête par la porte extérieure.

RIQUIQUI, toujours dans le même costume ; il tient un papier à la main. Peut-on entrer?... Personne... Eh bien, j'aime mieux ça... ça me permettra de réfléchir à *la grand'acte* que je vais commettre... car je n'y résiste plus... J'ai l'âme endolorie... et il faut que cela craque ou que ça... éclate. Depuis que j'ai rencontré, ici même, celle que j'ai vue tomber de son âne, sur le vert gazon, depuis que je sais qu'elle s'appelle Javotte et qu'elle est fille de madame de la Houspignolle, la femme de mon parrain, ça m'a donné de l'espoir, et je viens carrément la demander en mariage. (Il passe son nez sur sa manche.) Je sais bien qu'il y aura du tirage... mais j'ai la faiblesse de compter sur mon éloquence. J'ai composé un discours magnifique que, pas plus tard que ce matin... j'ai lu à monsieur le garde champêtre... Eh bien !... il a pleuré comme un veau !... Pourquoi que mon parrain serait moins sensible que cette autorité ?... Tous les veaux... non ! je veux dire : tous les hommes se ressemblent.

LA PINCHONNIÈRE, du dehors. C'est bien, je vais le chercher.

RIQUIQUI. C'est lui ; allons, il n'y a plus à hésiter. (Il applique son papier dans le fond de son chapeau.)

SCÈNE VI.

RIQUIQUI, LA PINCHONNIÈRE.

LA PINCHONNIÈRE, entrant. Gueux de fer à papillotes !... Où peut-il être fourré ? (Il le cherche de tous côtés.)

RIQUIQUI. Parrain...

LA PINCHONNIÈRE. Ah! c'est toi, Riquiqui ; tu ne l'as pas vu?

RIQUIQUI. Qui ça?

LA PINCHONNIÈRE, cherchant. Le fer à papillottes.

RIQUIQUI. Non, j'ai vu mieux que ça! (A part.) Allons-y !

LA PINCHONNIÈRE, regardant dans la cheminée. Ah ! le voilà ; il était au feu.

RIQUIQUI, lisant dans son chapeau à la façon des écoliers. « Considérant qu'il n'y a de félicité que dans le bonheur, et de bonheur que dans la joie de s'unir à *la* celle qu'on aime ; permettez, mon parrain, de vous dire que j'ai choisi une épouse dont je veux faire ma femme. »

LA PINCHONNIÈRE, se moquant. Toi, tu veux te marier ?

RIQUIQUI, récitant toujours. « La belle que j'aime, je la vis pour la première fois un jour qu'elle est tombée d'un âne, et depuis ce jour j'aime les ânes. »

LA PINCHONNIÈRE. Que signifie ?

RIQUIQUI, même jeu. « J'ai l'honneur de vous demander en mariage mademoiselle Javotte de la Houspignolle, votre belle-fille. »

LA PINCHONNIÈRE. Hein! la main de Javotte. Tu me demandes la main de...

RIQUIQUI. Oui ! j'ai ce toupet-là !...

LA PINCHONNIÈRE, riant. Mais tu es fou !

RIQUIQUI. Parrain, j'aime, et je vous prie de répondre personnellement. Consentez-vous à me la donner en mariage?

LA PINCHONNIÈRE. Si j'y consens... mais pour m'en débarrasser, je la donnerais au diable ! et avec bien du plaisir.

RIQUIQUI, joyeux.. Allons donc ! je savais bien que mon éloquence l'emporterait !...

LA PINCHONNIÈRE. Mais ça n'est pas moi que ça regarde, c'est ma femme ; et ma femme...

RIQUIQUI. Votre femme fera comme vous et comme le garde champêtre ; elle sera *émue* en m'écoutant !

URANIE, du dehors. Monsieur de la Pinchonnière ! monsieur de la Pinchonnière !

RIQUIQUI. Ah ! justement la voici !

LA PINCHONNIÈRE. Comment ! est-ce que tu veux...

RIQUIQUI, avec aplomb. Laissez-moi, parrain, laissez-moi : il faut que mon sort se décide !...

LA PINCHONNIÈRE, à part. Au fait, je ne suis pas fâché de voir ça.

SCÈNE VII.

LES MÊMES, URANIE.

URANIE, négligé et la tête couverte de longues papillotes. Le fer à papillotes, monsieur, le fer à papillotes!

LA PINCHONNIÈRE. Ah ! bon ! voilà, voilà ! (Il va à la cheminée.)

URANIE. Que fait ici cet idiot ?

LA PINCHONNIÈRE. Cet idiot a quelque chose de très-sérieux à vous dire ! (Il se cache pour rire.)

URANIE. Ah ça ! perdez-vous la tête ? Comment ! quand je vous attends, vous restez là avec cet imbécile?

LA PINCHONNIÈRE. Le fer chauffe. (Le prenant.) Il est brûlant.

URANIE, prenant une chaise. Il est brûlant ? Alors pincez-moi tout de suite.

LA PINCHONNIÈRE. Que je vous pince ? Soit, je vais vous pincer.

URANIE, à Riquiqui. Eh bien ! dépêche-toi ; parle, animal.

RIQUIQUI, lisant dans le fond de son chapeau. « Considérant qu'il n'y a de félicité que dans le bonheur, et de bonheur que dans la joie de s'unir à *la* celle qu'on aime. »

URANIE. Qu'est-ce qu'il me chante ? (Se sentant brûler.) Aïe! Prenez donc garde, monsieur.

RIQUIQUI. « Permettez-moi, parrain, c'est-à-dire ma parraine... de vous dire que j'ai choisi une épouse dont je veux faire ma femme. »

URANIE. Sa parraine... une épouse !... Aïe! vous me brûlez encore !

RIQUIQUI. « *La* celle que j'aime, je la vis pour la première fois un jour qu'elle est tombée d'un âne. »

URANIE. Hein... Aïe !...

RIQUIQUI, continuant sa récitation. « Et depuis ce jour, j'aime les ânes. »

URANIE. Tomber d'un âne ; mais ma fille...

RIQUIQUI, même jeu. « J'ai l'honneur de vous demander en mariage mademoiselle Javotte de la Houspignolle, votre fille. »

URANIE, avec un cri. Ah ! (Se sentant brûler.) Aïe !... (Anéantie.) Ah ! (Apercevant un balai.) Oh !

(Elle court, furieuse, sur Riquiqui, qui a suivi tous ses gestes et se sauve avec ses sabots à la main. Il saute par-dessus les chaises et gagne l'extérieur. Uranie sort derrière lui. Resté seul, de la Pinchonnière rit à cœur joie ; il se tord sur une chaise. Uranie, exaspérée, revient. Elle le voit rire et s'élance sur lui le balai en main. A son tour, de la Pinchonnière, toujours riant, s'enfuit en parcourant la scène. Uranie le poursuit à coups de balai, et c'est ainsi qu'ils sortent.)

(On entend des cris, des injures dans la chambre des filles de madame de la Houspignolle : Imbécile ! sotte ! propre à rien ! et Cendrillon, poussée violemment, entre en pleurant.)

SCÈNE VIII.

CENDRILLON, seule.

Sotte! idiote! propre à rien! et c'est moi qui fais tout. C'est elles qui vont au bal, et pour consolation, j'ai des injures. O mon Dieu! mon Dieu! mais ce n'est pourtant pas juste, tout cela.

AIR : *J'avais une marraine.*

Ici le sort m'enchaîne,
(Que mon cœur, que mon cœur a de peine!)
Ici le sort m'enchaîne,
Et soumise à ses lois,
Seule encor, je me vois.
Cependant autrefois,
J'avais une marraine,
(Que mon cœur, que mon cœur a de peine!)

J'avais une marraine,
Très-puissante ici-bas.
Elle ne voit donc pas,
Combien je souffre, hélas!
O ma bonne marraine,
Voyez ma tristesse et ma peine,
O ma bonne marraine,
Ne m'entendez-vous pas?

(La cheminée se voile de nuages qui, bientôt, se dissipent et laissent voir la Fée des vers luisants.)

SCÈNE IX.

CENDRILLON, LUCIOLE, FÉE DES VERS
LUISANTS.

LA FÉE. Me voilà.

CENDRILLON, tombant à genoux. Ma marraine!

LA FÉE. J'attendais un souvenir de toi, car je sais tout, et depuis longtemps je m'étonne de ta patience à supporter tant de mépris, tant d'outrages.

CENDRILLON. Et comment m'y soustraire?

LA FÉE.

AIR de la Robe et des Bottes.

Veux-tu sur ces femmes cruelles
Que j'épuise tout mon pouvoir?
Veux-tu que j'amène sur elles,
La misère et le désespoir?

CENDRILLON.

Oh! non, pitié! j'ai vécu dans la peine...
Ces mots affreux glacent mon cœur d'effroi.
Je connais trop la souffrance, marraine,
Pour demander qu'on souffre autant que moi.
Oh! non, je ne veux pas, marraine,
Qu'elles souffrent autant que moi. (Bis).

LA FÉE. Bon petit cœur... Eh bien! dis-moi ce que tu désires, dis-moi ce que tu voudrais pour être heureuse?

CENDRILLON. Oh! d'abord je voudrais que leur cœur changeât, qu'elles fussent meilleures pour mon père et pour moi.

LA FÉE. Attendrir le cœur des méchants n'est pas au pouvoir des fées.

CENDRILLON. Vous ne pouvez donc rien pour nous?...

LA FÉE. Si fait, et d'abord, je veux que tu ailles à ce bal de la cour.

CENDRILLON. Moi!...

LA FÉE. Laisse-moi faire, et puisque tu ne veux pas de la vengeance que je t'offre... j'en imagine une plus douce et plus certaine, peut-être!

CENDRILLON. Une autre vengeance?

LA FÉE. Oui, ma chère petite. Depuis ton enfance, je n'ai cessé de veiller sur toi. Certaine aujourd'hui de tes vertus, je veux les récompenser. Pourtant je mettrai encore une condition à l'accomplissement de ton bonheur.

CENDRILLON. Une condition, laquelle?

LA FÉE. Tu le sauras tout à l'heure. Commençons par nous occuper du bal.

CENDRILLON. Vous n'y pensez pas, marraine. Puis-je aller au bal de la cour avec un tel costume?

LA FÉE. Non pas. Pour y aller, il te faut un carrosse, un cocher, des laquais.

CENDRILLON. Et où voulez-vous que je trouve tout cela?

LA FÉE, montrant le potiron. Tiens, voici d'abord ton carrosse.

CENDRILLON. Ce potiron?

LA FÉE. Vois s'il te plaira! (Elle touche le potiron, qui se transforme en carrosse tout doré.)

CENDRILLON. Ah! la magnifique voiture!

LA FÉE. Occupons-nous maintenant de ta toilette: que penses-tu de celle-ci?

(Elle touche Cendrillon, qui se trouve vêtue en éblouissante princesse. Une partie du mur de la cuisine se développe, des suivantes de la fée en sortent et viennent compléter sa toilette de bal.)

CENDRILLON, joyeuse.

AIR : Valse de Mireille. (GOUNOD.)

O surprise! ô délire!
A peine je respire!
En un moment,
Quel changement!
A moi ce riche vêtement!
Cette robe si belle,
Vraiment m'appartient-elle?
Ainsi, qui reconnaîtrait donc
La petite Cendrillon?
Ah! ah! ah! ah!

DEUXIÈME COUPLET.

O ma belle marraine!
Non, pour moi plus de peine,
Votre pouvoir
Me rend l'espoir,
Au bal, enfin, j'irai ce soir!
Merveille sans égale!
A la fête royale,
Marraine, reconnaîtra-t-on
La petite Cendrillon?
Ah! ah! ah! ah!

SCÈNE X.

LES MÊMES, RIQUIQUI, entrant à l'improviste d'un
air résolu et sans rien voir d'abord.

RIQUIQUI. Non, j'y suis bien décidé, et quand je devrais... (Levant les yeux.) Ah! que vois-je?

CENDRILLON. Riquiqui!...

RIQUIQUI. Mamz'elle Cendrillon!

CENDRILLON. Tu me reconnais?

RIQUIQUI. Ma foi, c'est tout au plus. Comment! c'est vous? (A la fée.) Bonjour, madame; ça va bien?

LA FÉE. A présent, il te faut un cocher, des laquais! Qu'y a-t-il dans cette ratière?

CENDRILLON, montrant des gros rats dans la ratière. Oh! marraine, des gros rats!

LA FÉE. C'est mon affaire. (Elle touche la ratière; l'on en voit sortir un gros cocher tout barbu, splendidement galonné. Il grimpe sur son siège. Il est suivi d'un valet de pied, qui monte derrière le carrosse.)

CENDRILLON. Oh! le superbe cocher!

LA FÉE. Quant aux laquais, nous les trouverons dans le jardin, sur le vieux mur, où j'ai vu se promener de beaux lézards verts. (A Riquiqui.) Et comme toi aussi, mon garçon, tu as souffert des mépris de sa marâtre, je veux t'attacher au service de ma filleule.

RIQUIQUI. A son service, je veux bien, mais en qualité de quoi?

LA FÉE. En qualité de coureur. (Elle touche Riquiqui, qui se trouve vêtu en brillant coureur.)

RIQUIQUI, courant sur place pendant tout le couplet. Coureur! je suis coureur!...

AIR de Saltarello.

Ah! je me sens des plus ingambes,
Sous ce cos'ume délirant,
J'ai du vif argent dans les jambes,
On doit arriver en courant.
Un jour, sur le cœur de Javotte,
Enfin j'ai l'espoir de régner...
Un homme qui toujours gigotte
N'est pas un homme à dédaigner.
Mais, avant de songer à plaire,
Puisqu'à vos ordres me voilà,
Répondez-moi, que faut-il faire?

LA FÉE.

Précéder ce carrosse-là.
Car, de lui-même, il va se rendre
A l'endroit où nous le prendrons.
A cet endroit, va nous attendre,
Et bientôt nous te rejoindrons.

RIQUIQUI.

Bon, j'obéis! (A part.) Et de ma belle
J'espère bien toucher le cœur,
Javotte m'aimera, quand elle
Saura que je suis un coureur.

REPRISE.

Avant peu, de ma tendre belle
J'espère bien toucher le cœur;
Javotte m'aimera, quand elle
Saura que je suis un coureur.

(Il part, toujours trottant. Six gros rats viennent s'atteler au carrosse, qui sort à sa suite, conduit à grandes guides par le gros cocher.)

SCÈNE XI.

LES MÊMES, moins RIQUIQUI.

CENDRILLON. Ce pauvre Riquiqui, est-il heureux!

LA FÉE. Es-tu prête?

CENDRILLON. Oui, marraine.

LA FÉE. Il ne te manque rien?

CENDRILLON, se regardant. Rien, non marraine. (Soulevant sa robe et regardant ses pieds.) Ah!

LA FÉE. Quoi donc?

CENDRILLON, montrant ses sabots. Ma chaussure...

LA FÉE. Je savais bien, moi, qu'il te manquait quelque chose.

CENDRILLON. Oh! oui, une princesse en sabots.

LA FÉE. Nous allons remédier à cela. (Elle fait un signe. Le théâtre change et représente une grotte obscure couverte de stalactites).

SCÈNE PREMIÈRE.

CENDRILLON, LA FÉE DES VERS LUISANTS, SUIVANTES DE LUCIOLE, vêtues de robes sombres.

CENDRILLON. Juste ciel! où sommes-nous?

LA FÉE. Ne crains rien, tu es chez moi!...

CENDRILLON. Ah! que vous êtes mal logée, marraine.

LA FÉE. Mieux que tu ne penses.

CENDRILLON. On n'y voit pas.

LA FÉE. Ah! tu veux voir... Vous entendez, mes vers luisants... (A ce moment tous les vers luisants laissent tomber leurs vêtements obscurs et s'éclairent brillamment.)

CENDRILLON. Ah! à la bonne heure!

LA FÉE. Écoute-moi; j'arrive à cette condition dont je t'ai parlée.

CENDRILLON. Marraine, j'écoute.

LA FÉE. Pour que tu ne sois reconnue de personne à ce bal, où se trouveront ton père, ta belle-mère et tes belles-sœurs, il te faut un talisman, et ce talisman je l'ai demandé à Farhulaz, le génie de la montagne de feu. Il a promis de fabriquer, pour toi, de jolies petites pantoufles de verre. Ces pantoufles seront fées, et te rendront méconnaissable; mais retiens bien ce que je vais te dire: ces pantoufles ne te protégeront que jusqu'à minuit. Si tu restes au bal passé minuit, costume, laquais, carrosse, tout disparaîtra, et tu seras plus malheureuse, plus abandonnée que jamais!...

CENDRILLON. Oh! je quitterai le bal avant minuit.

LA FÉE. Je l'espère. Et maintenant, à moi, Farhulaz!

SCÈNE II.

LES MÊMES, FARHULAZ.

(Apparaît Farhulaz, une sorte de Caliban énorme, à la barbe et à la chevelure touffues.)

FARHULAZ. Me voici!

CENDRILLON, s'éloignant. Ah! qu'il est vilain!

LA FÉE. M'apportes-tu ce que je t'ai demandé?

FARHULAZ. Oui, maîtresse; voilà. (Il étend la main sur un bloc de stalagmites, le bloc se découronne et laisse voir un coussin rouge, sur lequel sont deux petites pantoufles de verre, éclairées par un rayon de lumière électrique.)

LA FÉE. C'est bien. Petites pantoufles de verre, allez de vous-mêmes aux pieds de votre jolie maîtresse. (Les pantoufles disparaissent du coussin, aussitôt Cendrillon s'en trouve chaussée.)

CENDRILLON, admirant ses pantoufles. Oh! qu'elles me vont bien! qu'elles sont jolies!

FARHULAZ, qui n'a cessé de regarder Cendrillon avec convoitise. Moins jolies que les pieds qui les chaussent.

LA FÉE. Eh bien! Farhulaz!

FARHULAZ, courbant le front. Pardon, maîtresse! (Sur un geste de la Fée, il s'éloigne, la tête basse.)

LA FÉE. Cendrillon, avant ton départ pour le bal, je veux te présenter à mes sœurs. Regarde! (Luciole lève sa baguette, la grotte de cristal disparaît dans les frises et découvre le palais de la Fée des Vers luisants, où sont réunies ses compagnes les fées. Des soleils de feu tournoient; des fées ailées glissent dans les airs; d'autres fées entourent, en dansant, Cendrillon et sa marraine. Apothéose.)

(Décor de M. Chéret.)

FIN DU PREMIER ACTE.

ACTE DEUXIÈME.

Le théâtre représente les serres magnifiques du palais du roi Hurluberlu XIX.

—

SCÈNE PREMIÈRE.

JOLICOCO, INVITÉS, UN HUISSIER, puis le roi HURLUBERLU, le prince CHARMANT et leur suite.

Au lever du rideau, le théâtre est occupé par des seigneurs et des dames de la cour. Ils se promènent.

UN HUISSIER, annonçant. Madame la comtesse Isaure de Jolimanoir et le prince Saperlipopotte.

JOLICOCO, allant au-devant des nouveaux arrivés. Ah! venez donc, charmante comtesse, nous vous attendions avec une impatience...

ISAURE. Sommes-nous en retard?

JOLICOCO. Au gré de notre impatience, oui...

ISAURE. Le roi n'est pas encore descendu?

L'HUISSIER. Madame la duchesse Aurore de Tubéreuse et le prince Chéribidini!

JOLICOCO, avec le même empressement. Ah! venez donc, charmante duchesse, nous vous attendions avec une impatience...

AURORE. Vous nous attendiez... pourquoi?...

JOLICOCO. Pour rien... le bonheur de vous voir.

AURORE. Ah! sénéchal, vous êtes d'une galanterie...

L'HUISSIER. Madame la vicomtesse Isabelle de Fortbuisson, et le prince de Montretout!

JOLICOCO, toujours empressé. Ah! venez donc, charmante vicomtesse, nous vous attendions avec une impatience!

ISAURE, se moquant. Ah ça! mon cher sénéchal, vous attendez donc tout le monde avec la même impatience?...

JOLICOCO, interdit. Au fait, c'est vrai, voilà trois quarts d'heure que je dis la même chose.

ISAURE. Il faudrait varier?

JOLICOCO. Mais comment varier?

ISAURE. Si vous ne disiez rien du tout.

JOLICOCO. C'est une idée.

L'HUISSIER. Madame la baronne Colombe-Aldegonde de Pastafrola, et le prince Hector de Cantalabutte.

JOLICOCO. Ah! charmante bar... (S'arrêtant.) Ah! non, j'en ai assez.

L'HUISSIER. Monseigneur le prince Charmant.

TOUS LES INVITÉS, remontant. Ah! (Toutes les dames de la cour se rangent sur deux lignes devant les seigneurs. Le prince entre sur la ritournelle de l'air suivant. Tout le monde s'incline; il rend le salut, en examinant curieusement toutes les femmes qui l'environnent.)

AIR nouveau de M. V. CHÉRI.

Est-elle en ce séjour,
La femme que j'envie,
Celle que, pour la vie,
Je dois aimer d'amour?
Comme dans un parterre,
Tout émaillé de fleurs,
Dans cette vaste serre,
Je marche solitaire.
Pour moi, reine des fleurs,
Une rose a dû naître;
Comment la reconnaître,
Parmi toutes ses sœurs?

JOLICOCO, à part. Sa présence a jeté un froid... Si je pouvais par quelques mots spirituels...

L'HUISSIER. Le roi Hurluberlu XIX.

TOUS. Ah! le roi. Tout le monde s'incline. Hurluberlu entre majestueusement, suivi de son page Oculi. Il va parler, s'arrête et éternue.

HURLUBERLU. Ah! elle est bien bonne... Je suis enrhumé du cerveau, et j'ai oublié mon mouchoir.

TOUT LE MONDE, lui offrant un mouchoir. Ah! sire, si celui-ci...

HURLUBERLU. Non, mes gentilshommes, non, princesses, merci; je suis habitué à ma batiste. (Au page Oculi.) Oculi! va me chercher un mouchoir d'indienne. (Oculi sort.)

AIR : C'est dans l'nez qu'ça m'chatouille (HERVÉ).

Mes beaux messieurs, mes nobles dames,
Ici, malgré tous mes pouvoirs,
Puis-je, sans craindre mille blâmes,
Me moucher dans tant de mouchoirs?
Je sais bien pourquoi je bredouille...
Ce n'est pas, je vous le promets,
Faute de savoir parler, mais...
C'est dans l'nez qu'ça me chatouille.
Trou! la la la la!
Trou! la la la la!
Etc., etc.

(Oculi entre et lui offre son mouchoir à tabac. Tout en exécutant les trou, la la, de la Tyrolienne, Hurluberlu se mouche avec accompagnement de trompettes; il éternue avec bruit de cymbales, etc., etc.

HURLUBERLU. Eh bien! s'amuse-t-on? où en sommes-nous?

JOLICOCO. Sire, quand vous êtes entré, nous étions déjà d'une gaieté folle.

HURLUBERLU. Très-bien, très-bien! Continuons, continuons, soyons très-gais; je l'ordonne.

L'HUISSIER. M. de la Pinchonnière!

HURLUBERLU. Qu'est-ce que c'est que ce lapin-là?

L'HUISSIER. Et madame son épouse, née de la Houspignolle; mesdemoiselles Javotte et Madelon de la Houspignolle, ses filles.

SCÈNE II.

LES MÊMES, DE LA PINCHONNIÈRE, URANIE, JAVOTTE et MADELON, en grandes toilettes.

URANIE, à son mari. Prenez donc garde, vous allez marcher sur ma queue.

HURLUBERLU. Vertuchou, voilà une riche nature.

URANIE. Le roi!... Ah! sire!... (Elle se jette à ses pieds.)

HURLUBERLU. Relevez-vous, relevez-vous, belle dame; je ne sais pas qui vous a invitée, mais celui-là a rudement bien fait : je vous trouve magnifique...

URANIE. Ah! sire!

JOLICOCO. C'est moi, sire, c'est moi qui ai eu le bonheur de découvrir madame et ses deux nobles filles.

HURLUBERLU. Tu les as découvertes?

JOLICOCO. Par hasard, sire, par hasard...

URANIE, les présentant. Mes filles, mesdemoiselles de la Houspignolle.

HURLUBERLU, faisant de l'œil à Uranie. Pas mal, pas mal...

DE LA PINCHONNIÈRE, à part. Eh bien! et moi? est-ce qu'il faudra que je me présente tout seul?...

HURLUBERLU. Oculi, mon mouchoir?

OCULI. Sire, vous l'avez à la main.

HURLUBERLU. Ah! oui; j'en ai fièrement besoin. (Il déploie son grand mouchoir à carreaux et se mouche bruyamment.)

LE PRINCE CHARMANT, à lui-même. Deux jeunes filles, deux inconnues; si l'une d'elles était...

JAVOTTE, à part. Comme le prince me regarde!...

JOLICOCO, bas à Madelon. Vous le voyez, belle Madelon, on vous a fait le plus charmant accueil!

MADELON, flageolant sur ses jambes. Est-ce qu'on ne va pas nous offrir des siéges?

JOLICOCO. Devant le roi, jamais.

HURLUBERLU. Jolicoco! (Jolicoco, admirant Madelon, ne répond pas. Le roi se mouche, aussitôt le courtisan accourt.)

JOLICOCO. Sire!

HURLUBERLU. Tu ne vois donc pas que je suis arrivé, ventre-de-biche! et que ça languit... ça languit?

JOLICOCO. Sire, j'ai pourtant donné des ordres.

HURLUBERLU. Fais comme moi... sois généreux, redonne-les...

JOLICOCO. Je vais faire un signe...

HURLUBERLU. Un signe?... Quelle oie! (Il recommence ses œillades à Uranie et lui dit :) Venez donc, belle dame, que je vous fasse les honneurs de ce séjour. (Il lui offre la main, mais évaporé, selon son habitude, il ne prend pas celle qu'Uranie lui tend, et remonte seul.)

URANIE, le suivant la main tendue. Ah! sire!...

HURLUBERLU. Oculi?

OCULI. Me voilà.

HURLUBERLU. Porte la queue de madame!

OCULI. Oui, sire... (Il va derrière Uranie et lui porte la queue de sa robe.)

HURLUBERLU. Venez, belle dame. (Il part tout seul comme une flèche. Uranie le suit, toute la cour le suit.)

DE LA PINCHONNIÈRE, les suivant tristement. J'ai l'air de son domestique.

SCÈNE III.

LE PRINCE CHARMANT, JAVOTTE, MADELON.

(Le prince, préoccupé, va sortir; il remarque les deux jeunes filles, qui l'examinent avec intérêt. Il s'approche d'elles avec bienveillance.)

LE PRINCE CHARMANT. Ces demoiselles habitent ce pays?

JAVOTTE. Oui, prince.

LE PRINCE CHARMANT. Il y a longtemps?

JAVOTTE. Depuis notre naissance.

LE PRINCE CHARMANT. Et c'est la première fois que vous venez à la Cour?

JAVOTTE. La première fois...

LE PRINCE CHARMANT. Puisque votre mère est noble, quel motif la tenait éloignée de nous?

JAVOTTE. Ma mère était veuve et vivait ignorée.

LE PRINCE CHARMANT. C'était grand dommage !...

JAVOTTE, avec élan. Ah ! prince...

LE PRINCE CHARMANT, préoccupé, répète machinalement. Grand dommage, grand dommage !...

MADELON, à part. Mon Dieu, que je suis donc fatiguée ! (Elle va s'asseoir.)

LE PRINCE CHARMANT, à part. C'est singulier, je ne ressens rien du tout. Il me semble que si c'était elle, j'éprouverais quelque chose.

(Le roi paraît au fond, faisant les honneurs du palais à Uranie. Tout à coup on entend un grand bruit au dehors.)

SCÈNE IV.

LES MÊMES, HURLUBERLU, URANIE, OCULI, LA COUR, DE LA PINCHONNIÈRE, puis JOLICOCO.

HURLUBERLU. Qu'est-ce que cela ?

URANIE, redescendant et cherchant à détourner son attention. Vous me disiez, sire ?...

HURLUBERLU, s'embarrassant dans la robe à queue portée par Oculi. Je vous dirai cela plus tard. Il se passe quelque chose... Que se passe-t-il donc ?... Oculi, va voir ce qui se passe.

OCULI. Sire, voici le grand sénéchal.

JOLICOCO, revenant très-agité. Ah ! sire, c'est un prodige.

HURLUBERLU. Quoi donc ?

JOLICOCO. J'étais dans la grande galerie, je donnais des ordres, lorsque je vois sur la route un carrosse précédé d'un coureur, il dégringole...

HURLUBERLU. Le coureur ?

JOLICOCO. Non, le carrosse, c'est le carrosse qui dégringole, ou plutôt qui manque de dégrin... car, heureusement... Ah ! sire, si vous saviez ! Figurez-vous... Non ! vrai, vous ne pouvez pas vous imaginer...

HURLUBERLU. Ah ça ! animal, auras-tu bientôt fini de suspendre ton discours ? Au fait, ventre de biche ! au fait ! (Il reprend ses œillades à Uranie.)

JOLICOCO. Eh bien, le fait, c'est qu'une roue du carrosse s'est emberlificotée dans une ornière, un petit cri s'en échappe...

HURLUBERLU. De l'ornière ?

JOLICOCO. Non, du carrosse ; nous sommes accourus avec des flambeaux, et nous avons vu... ah ! sire, une merveille, une beauté plus belle que toutes les beautés les plus belles.

TOUTES LES FEMMES EN SCÈNE, protestant. Ah !

LE PRINCE CHARMANT, sortant de sa rêverie. Et cette femme, vous l'avez laissée partir ?...

JOLICOCO. Non. Le carrosse est embourbé, mais on travaille à le tirer de l'ornière, et...

LE PRINCE CHARMANT, se rapprochant du roi. Ah ! venez, mon père !

HURLUBERLU. Oui, courons tous voir cette beauté ravissante. Allons, bon ! allons, bon ! j'ai oublié mes lunettes !...

LE PRINCE CHARMANT. Eh qu'importe ? venez !

(Le roi sort entraîné par son fils. Toute la cour les suit, ainsi que de la Pinchonnière.)

SCÈNE V.

URANIE, JAVOTTE, MADELON, ensuite DE LA PINCHONNIÈRE.

(Madelon est restée sur son siège. Uranie et Javotte, furieuses, se promènent à grands pas.)

URANIE. C'est affreux !

JAVOTTE. C'est indigne !

URANIE. Me quitter !...

JAVOTTE. Me planter là !

URANIE. Et pour qui ?

JAVOTTE. Pour quelque aventurière.

URANIE. Le roi allait me proclamer la reine du bal.

JAVOTTE. Le prince était rempli d'attention pour moi, il me parlait, il daignait me témoigner l'intérêt le plus affable... le plus tendre...

URANIE. Et nous sacrifier à la première venue !...

JAVOTTE. Dites à la dernière venue, ma mère.

URANIE, apercevant sa deuxième fille. Et Madelon qui reste là tranquille, qui ne s'indigne pas avec nous.

MADELON. M'indigner ? bien au contraire. Dans cette cour, où l'on nous recevait si bien, personne ne nous invitait à nous asseoir. Sans cette dame, je serais encore debout, et je bénis son arrivée, qui m'a permis de me reposer.

URANIE. Ah ! quelle apathie ! quelle nonchalance ! et c'est ma fille ! Une marmotte !

DE LA PINCHONNIÈRE, revenant essoufflé. Ah ! qu'elle est belle ! qu'elle est belle !

URANIE. Hein ! quoi ? qu'est-ce qui est belle ?

DE LA PINCHONNIÈRE. Qui ? L'inconnue, cette noble étrangère que toute la cour environne. Je n'ai fait que l'apercevoir, mais c'est une merveille !

URANIE et JAVOTTE. Une merveille !

URANIE, au comble de la colère. Apprenez, monsieur, et retenez, une fois pour toutes, qu'il n'y a de merveilles au monde que moi et mes filles.

DE LA PINCHONNIÈRE. Certainement... mais... mais...

URANIE. Je vous trouve bien impertinent de venir ici nous dire à nous-mêmes...

DE LA PINCHONNIÈRE. Permettez...

URANIE. Taisez-vous... Ah ! c'est une merveille... Eh bien, nous l'éclipserons. Oui, ventre de biche ! comme dit le roi, nous lutterons avec elle de charmes, de beauté, de grâce et de distinction.

DE LA PINCHONNIÈRE, remontant, ennuyé. Comme je m'amuse !

URANIE. Madelon, tu as apporté ma romance des pensées célestes d'une âme endolorie ?

MADELON. Oui, ma mère.

URANIE. Je la chanterai, et nous verrons quelle figure fera cette mijaurée... Javotte !

JAVOTTE. Maman ?

URANIE. Ne dis pas maman, dis ma mère.

JAVOTTE. Oui, maman.

URANIE. Enfin, n'importe, tu as étudié avec ta sœur le passe-pied du roi...

JAVOTTE. Oui, maman.

MADELON. Et c'est bien fatigant.

URANIE. Tu le danseras, je le danserai, nous le danserons toutes les trois, et nous verrons quelle figure fera la merveille de M. de la Pinchonnière. (On entend un grand bruit au dehors.) Ces murmures... ces clameurs !...

DE LA PINCHONNIÈRE, redescendant en scène. C'est elle que l'on entoure, que l'on acclame.

URANIE, se plaçant entre ses filles. Pas de défaillance ; levez-vous, Madelon ; tenez-vous droites, mes filles !...

SCÈNE VI.

TOUS LES PERSONNAGES DE L'ACTE, CENDRILLON, en grand costume, conduite par le roi ; le prince marche à ses côtés et la regarde avec bonheur.

CHŒUR.

AIR de M. Victor Chéri.

Chantons les grâces sans pareilles
D'une telle divinité.
C'est la merveille des merveilles,
C'est la reine de la beauté !

URANIE, à ses filles. Elle n'est pas plus haute qu'un éventail... (Avec orgueil.) Vous êtes plus grandes, vous !

CENDRILLON, regardant autour d'elle avec étonnement. Oh ! que c'est beau, que c'est beau tout cela !

HURLUBERLU. Ravissante créature, j'avais oublié mes lunettes, mais votre merveilleuse apparition m'a rendu mes yeux de quinze ans !...

LE PRINCE CHARMANT, à part. Oh ! c'est elle ! c'est elle ! (Haut.) Combien je suis heureux !...

CENDRILLON, s'élançant vers La Pinchonnière. Oh ! mon père !

LE PRINCE CHARMANT. Où va-t-elle ?

CENDRILLON, s'arrêtant. Oh ! mon Dieu ! je ne dors pas !

LE PRINCE CHARMANT. Je vous disais, princesse, combien je suis heureux du fortuné hasard...

HURLUBERLU. Qui a brisé votre carrosse et a failli vous briser aussi...

LE PRINCE CHARMANT. C'est à ce fâcheux accident que nous devons le bonheur de vous connaître...

CENDRILLON. En vérité, prince, je ne sais comment vous remercier... Pardonnez à ma surprise, à mon émotion...

URANIE, bas à son mari. C'est une petite sotte !...

LA PINCHONNIÈRE. Ah ! mais non !

URANIE. Ah ! mais si ! (Elle remonte en disputant son mari.)

JAVOTTE, à Madelon. Le prince ne s'occupe que d'elle.

LE PRINCE CHARMANT, à Cendrillon. De grâce, veuillez nous apprendre à quel fortuné pays, à quelle heureuse famille vous appartenez ?

CENDRILLON. Oh ! je vous en prie, ne m'interrogez pas... Obligée de descendre de mon carrosse, pour laisser à vos gens et aux miens le soin de le remettre en état, j'ai dû céder aux sollicitations du roi, aux vôtres, prince ; mais je ne puis demeurer à ce bal, qu'à la condition d'y rester inconnue !

TOUS. Inconnue !

URANIE, à part. Je le disais bien... (A Javotte.) C'est une aventurière ! (La Pinchonnière proteste. Un regard de sa femme le contient.)

JAVOTTE, à sa mère. Nous la démasquerons.

CENDRILLON. Prince, je ne dois m'arrêter ici que quelques instants, il faut que je sois de retour avant minuit au château que j'habite.

LE PRINCE CHARMANT. Avant minuit ?... mais il n'est pas neuf heures.

CENDRILLON. Prince, je puis rester jusqu'à onze heures et demie !

HURLUBERLU, satisfait. Onze heures et demie. Vous verrez la fête tout entière, nous allons mener ça un train de poste... Jolicoco... (Jolicoco occupé de Madelon ne répond pas d'abord. Le roi se mouche bruyamment, à son ordinaire. Le sénéchal bondit et accourt.)

JOLICOCO. Sire !

HURLUBERLU. Donne le signal du plaisir !

JOLICOCO. Oui, sire ! (Il sort.)

CENDRILLON, à part. Oh ! mes sœurs ! si je pouvais... (Elle s'approche de Javotte, qui la voyant près d'elle, lui tourne brusquement le dos et s'en va.) Toujours le même dédain, mais ma mère... (Elle s'approche d'Uranie, même jeu.) Oh ! toujours, toujours !

LE PRINCE CHARMANT, qui a remarqué ce jeu de scène. Ah ! c'est trop fort !

JAVOTTE, se rapprochant du prince. Prince, ne daignerez vous pas ?...

LE PRINCE CHARMANT, l'évitant. Pardon, mademoiselle. Oui, oui, tout à l'heure... (Allant à Cendrillon.) Votre main, je vous prie !... (Il la conduit à travers la foule, qui s'écarte.)

JAVOTTE. O rage !

JOLICOCO, revenant. Sire, quand vous daignerez ordonner.

HURLUBERLU, avec gravité. J'ordonne que tout le monde me suive.

Air de l'*Ours et le Pacha*.

De tout ce qui m'arrive,
Je suis satisfait, moi !
Maintenant qu'on me suive,
Que l'on suive le roi !

TOUS.

Heureuse perspective,
Dociles à sa loi,
Que chacun de nous suive
Le cortége du roi !

(Le roi, toujours ahuri, part tout seul en se parlant à lui-même. On le suit à la queue leu-leu. Il s'arrête, se ravise, revient sur ses pas, ondulant dans la foule. Il va s'asseoir et savoure une prise de tabac. On l'entoure Alors il s'éloigne à grands pas. La cour le suit au pas de course. Changement à vue.)

Un riche salon du palais.

—

SCÈNE PREMIÈRE.

RIQUIQUI, seul.

RIQUIQUI, entre avec un plateau chargé de liqueurs. Il parle à la cantonade. Dans le troisième salon, toujours tout droit, merci ! (Arrivant en scène.) M'y v'là. Et moi aussi, je suis du bal. Quand j'ai vu que le carrosse était raccommodé, je me suis dit : Qu'est-ce que je vais faire ? (Regardant ce qu'il y a sur le plateau.) Ça n'a pas l'air d'être mauvais, ça ! (Reprenant.) Alors je me suis répondu : Si j'allais rejoindre mam'zelle Cendrillon ! Oui, mais il fallait un prétexte. (Regardant son plateau.) Ça a l'air très-bon, ça ! (Reprenant.) Je suis allé m'offrir pour aider au service, et l'on m'a chargé des rafraichissements. (Regardant son plateau avec convoitise.) Qu'est-ce que ça peut bien être ? (Reprenant.) De cette manière, je la verrai, elle, ma Javotte ! Et puis, je pourrai prévenir mam'zelle Cendrillon... car si elle n'était pas partie avant minuit... (Contemplant toujours le plateau.) Décidément, il faut que je sache. (Il regarde de tous côtés, et boit dans un des verres qu'il porte.) Oh ! c'est très-bon... c'est chaud. Je ne connaissais pas cette liqueur... c'est très-chaud... et celle-là ? (Il boit.) C'est très-froid... Je vais en prendre une plus chaude, afin de réchauffer la froide... Oh ! oh ! qui vient là ?... c'est le prince Charmant et mam'zelle Cendrillon... Filons à la cuisine ! (Il sort en vidant un nouveau verre.)

SCÈNE II.

LE PRINCE CHARMANT, CENDRILLON entre la première et traverse la scène, le prince la suit discrètement.

DUO.

Air nouveau de M. Victor Chéri.

LE PRINCE CHARMANT, à part.

Suivons sa trace.

CENDRILLON, à part.

Il vient à moi.

LE PRINCE CHARMANT, à Cendrillon.

Restez, de grâce !

CENDRILLON.

Rester... pourquoi ?

LE PRINCE CHARMANT.

Lorsque je trouve
A vous parler,
Ce que j'éprouve...
Me fait trembler.

CENDRILLON, à part.

Sa crainte ajoute
A mon effroi.
(Haut.) Parlez, j'écoute
Le fils du roi.

ENSEMBLE.

LE PRINCE CHARMANT, à part.

Mon cœur soupire,
Je le sens bien ;
Mais que lui dire ?
Je n'en sais rien.

CENDRILLON, à part.

Mais s'il désire
Un entretien,
Que vais-je dire ?
Je n'en sais rien.

LE PRINCE CHARMANT.

Ah ! pardonnez à mon audace,
Mais, je vous le demande en grâce,
Dites-moi, quel est votre nom ?

CENDRILLON.

Dire mon nom ? non, non, non, non !

LE PRINCE CHARMANT.

Pourquoi m'en faites-vous mystère ?

CENDRILLON.

J'ai peu de mérite à le taire ;
Car, prince, je n'ai pas de nom.

LE PRINCE CHARMANT.

Quoi ! pas de nom ?

CENDRILLON.

Non, non, non, non !

LE PRINCE CHARMANT.

O beauté céleste !
Au front radieux,
A l'air si modeste
Et si gracieux,
D'un nom qui nous tente
Devrait-on parler ?
Non, non, c'est Charmante
Qu'on doit s'appeler.

CENDRILLON, à part, répétant avec une joie contenue.

Charmante !
Charmante !
Charmante ! Charmante !

REPRISE ENSEMBLE.

CENDRILLON.

Où peut conduire
Cet entretien,
Et que lui dire ?
Je n'en sais rien !

LE PRINCE CHARMANT.

Mon cœur soupire,
Je le sens bien,
Mais que lui dire ?
Je n'en sais rien !

CENDRILLON. Ciel ! le roi !
LE PRINCE CHARMANT. Mon père !

SCÈNE III.

LES MÊMES, LE ROI, DE LA PINCHONNIÈRE, URANIE, JAVOTTE, MADELON, RIQUIQUI ET TOUS LES PERSONNAGES DU TABLEAU PRÉCÉDENT, puis LA FÉE DES VERS LUISANTS.

CHŒUR.

Air de M. Victor Chéri.

C'est une foule, une cohue !
Il faut parcourir cet immense palais.
Pour que la fête continue,
Cherchons des salons et plus grands et plus frais.

HURLUBERLU, chantonnant. Arrêtons-nous ici... l'aspect de ce salon... me charme ; nous y serons à merveille pour notre concert.

JAVOTTE, à Uranie. Le prince était avec elle.

URANIE, étouffant de rage. C'est un scandale !

RIQUIQUI, à Javotte, en lui présentant le plateau. Quelque chose de chaud ?

JAVOTTE. Laissez-moi donc tranquille...

RIQUIQUI, s'éloignant. Elle ne veut pas que je la réchauffe. (A Madelon.) Quelque chose de froid ? (Nouveau refus.)

DE LA PINCHONNIÈRE, à part. Ah ! si ma pauvre fille pouvait voir comme je m'amuse ! Maudit bal !

URANIE, à sa fille. On va chanter ; tu as ma musique ?

MADELON, cherchant des yeux un siége. Oui, ma mère !

URANIE. C'est à notre tour de l'éclipser.

RIQUIQUI, s'approchant de Cendrillon et lui offrant des rafraichissements. Quelque chose de chaud ?

CENDRILLON. Non, merci.

HURLUBERLU. Prenez ! Ici, toute la consommation est de première qualité. (Il prend un verre et boit.)

RIQUIQUI, bas à Cendrillon. Mam'zelle, il est bientôt onze heures.

CENDRILLON. Oui... je sais...

RIQUIQUI, s'en allant. J'ai encore le temps de boire quelque chose ; décidément, c'est très-sucré. (Il sort en buvant.)

HURLUBERLU. Allons, commençons le concert, mes enfants.

CENDRILLON, se trouvant entre Uranie et Javotte, qui tient un cahier de musique. Vous allez chanter, mademoiselle ?

JAVOTTE. Vous nous parlez, je crois ?...

URANIE, amèrement. Nous ne vous connaissons pas, madame.

CENDRILLON, intimidée, s'éloigne. Pardon ! (Le roi la conduit par la main à un fauteuil placé près de lui et du prince Charmant.)

LA FÉE DES VERS LUISANTS, apparaissant dans le développement du massif de fleurs qui orne la base d'une grande pendule en forme de sphère. Oh ! vous la connaîtrez, je vous le promets.

HURLUBERLU, s'asseyant près de Cendrillon. Voyons, voyons, par où commençons-nous ?...

URANIE. Sire, je sais une romance nouvelle, très-jolie et très distinguée...

HURLUBERLU. Eh bien ! nous allons toujours commencer par là ! Que tout le monde se taise.... excepté celle qui chantera.

URANIE, à part. Enfin, l'heure du triomphe est arrivée !

HURLUBERLU. Silence !

JOLICOCO. On ne dit rien, sire !

HURLUBERLU. Ah ! on ne dit rien ?... (A Uranie.) Alors, chantez, vous !...

URANIE, avec modestie et les yeux baissés. C'est une mélodie intitulée... *Pensées célestes d'une âme endolorie.*

LA FÉE, à part. Je vais lui faire chanter quelque chose de ma façon !

(Uranie déploie son cahier de musique et chante avec prétention.)

URANIE, à la façon des chanteuses d'opéra.

Air nouveau de M. Victor Chéri.

Oh ! de mon âme endolorie,
Célestes, célestes émanations.

(Ici la Fée étend sa baguette : Uranie quitte son ton précieux et chante d'un air déluré, à l'instar des cafés chantants, la chansonnette qui suit.)

PREMIER COUPLET.

Jeannette a trois amants qu'elle aime :
Bastien, Pierre et le riche Éloi.

HURLUBERLU, mal à l'aise de cette brusque transition.

Oh ! la la la!

URANIE, continuant, sans y prendre garde.

Elle aim'le premier, pour lui-même,
Le second pour je ne sais quoi.

HURLUBERLU.

Oh! la la la!

UBANIE, même jeu.

Et l'troisième pour l'argent qu'il a. (Bis.)

TOUS.

Madame, que nous chantez-vous là ? (Bis.)

URANIE.

Oh! la la la!

(La Fée abaisse sa baguette ; Uranie s'aperçoit de la
mauvaise impression produite ; elle fait un geste sup-
pliant au Roi, afin de reprendre sa revanche. L'orchestre reprend la ritournelle du grand air d'opéra.
Elle recommence sa mélodie plaintive.)

URANIE.

Oh! de mon âme endolorie,
Célestes, célestes émanations !

(La fée lève de nouveau sa baguette, et Uranie, entraînée par le pouvoir magique, chante d'un air égril-
lard la suite de la chansonnette.)

DEUXIÈME COUPLET.

Sensible à leur douleur amère,
Et ne sachant pas faire un choix ;

HURLUBERLU, scandalisé.

Oh ! la la la la !

URANIE.

Sans la permission d'monsieur l'maire
Jeannett' les épouse tous trois,

HURLUBERLU.

Oh! la la la la !

URANIE.

Et fit trois heureux à la fois. (Bis.)

TOUS.

Madame, que nous chantez-vous là ?

URANIE.

Oh la la la la!

(La fée disparaît. Uranie, confuse, s'arrête.)

HURLUBERLU, se levant. Assez, assez! cette
romance manque de distinction.

MADELON, à Uranie. Ah! maman! qu'est-ce
que tu as chanté là?

URANIE. Sire, je ne sais pas, on a changé
ma musique... voyez...

HURLUBERLU, lisant le titre. Les Pensées
célestes !... C'est leste!

URANIE. C'est une trahison ; voyez, sire, on
a changé ma musique.

HURLUBERLU. Ça ne me fera pas changer
d'avis; vous manquez de distinction.

URANIE. Oh! humiliation!

DE LA PINCHONNIÈRE, bas, à sa femme. Ce n'est
pas ma fille Cendrillon qui aurait chanté des
choses semblables.

URANIE, se contenant à peine. Ah! taisez-vous!
taisez-vous!

CENDRILLON, à part. Bon petit père, il pense
à moi.

JOLICOCO, accourant. Sire, les musiciens sont
à l'orchestre, ils attendent vos ordres.

HURLUBERLU. Bah! l'orchestre est à son
poste? eh bien! j'aime autant cela... En place
pour le passe-pied! Et de la distinction,
ventre de biche! de la distinction...

URANIE. Sire, vous seul pouvez nous réha-
biliter. Pour vous prouver que nous ne man-
quons pas de noblesse et que nous sommes

victimes d'une perfidie infâme, accordez-nous
l'honneur de figurer au quadrille du roi.

HURLUBERLU, recommençant ses œillades. Je vous
l'accorde, parce que vous êtes une riche
nature...

URANIE. Ah! sire...

HURLUBERLU. En place tout le monde.

DE LA PINCHONNIÈRE. On va danser: je m'en
vais. (Il s'éloigne au plus vite.)

CHARMANT, à Cendrillon. Daignerez-vous,
madame...

CENDRILLON. Non, prince, pas encore, un
peu plus tard.

CHARMANT. Permettez, alors, que je reste
auprès de vous.

HURLUBERLU. Allez, la musique! (Les gens de
la cour ont pris place, Uranie danse avec le Roi, Javotte
avec un seigneur, Madelon avec Jolicoco. Javotte est
très-raide, Madelon très-endormie. Le passe-pied commence sur un air majestueux ; tout à coup la Fée
apparaît et sa baguette fait des siennes. L'air devient plus
vif, le Roi se met à gesticuler et à gigotter d'une façon
étrange et burlesque. Uranie se livre à une cachucha
effrénée. Madelon, Javotte, Jolicoco et tous les gens de
la cour semblent avoir en pour maîtres de danse Clo-
doche, la Comète, la Normande et Flageolet.)

HURLUBERLU, s'embrouillant et cherchant à con-
tenir ses gigottements. De la distinction! de la
distinction!

URANIE, gesticulant. Sire, je ne peux pas;
c'est plus fort que moi.

HURLUBERLU, toujours dansant. Mais je m'embrouille, mais je m'embrouille!

JAVOTTE, dansant. O rage! ô fureur!

MADELON, dansant. Oh! que c'est fatigant!

HURLUBERLU. Assez! assez! Taisez-vous, la
musique! (La Fée disparaît. Tous les danseurs s'ar-
rêtent.)

LES GENS DE LA COUR, apostrophant Uranie et ses
filles :

AIR : Neveu de Mercier.

Quelle plaisanterie!
Vraiment, c'est un scandale affreux!
C'est trop d'effronterie,
Il faut les chasser de ces lieux.

URANIE, JAVOTTE et MADELON.

Ah! c'est une infamie!
Vraiment c'est un tour odieux ;
Et la sorcellerie
Semble nous poursuivre en ces lieux.

(Entre de la Pinchonnière.)

HURLUBERLU, essoufflé. Oui, chassez-les...

CENDRILLON. Arrêtez, sire, arrêtez; je demande leur grâce.

HURLUBERLU, étouffant. Mais, belle dame...

CENDRILLON. Ne repoussez pas ma prière,
et pour vous témoigner ma gratitude, j'offre
de conduire le passe-pied.

HURLUBERLU. A cette condition, certainement.

JAVOTTE, à Uranie. Ma mère, sortons!

URANIE. Non, je veux savoir quelle est
cette femme et si c'est elle qui nous ensor-
celle...

CENDRILLON. Prince, vous m'avez offert
votre main.

CHARMANT. Que vous me rendez heureux!

HURLUBERLU. Eh bien, c'est ça; danse à ma
place. (A Uranie.) Et vous, là-bas, prenez une
leçon.

CENDRILLON.

AIR nouveau de M. CHÉRI.

PREMIER COUPLET.

Mais je veux vous dire une histoire,
Nous danserons sur son refrain.
Un jour, c'est à ne pas le croire,
Un jour que chez le souverain
Dansait une noble famille,
Par elle, abandonnée un peu,
Une pauvre petite fille
Était restée au coin du feu.

DE LA PINCHONNIÈRE, URANIE, JAVOTTE et
MADELON. Hein!...

CENDRILLON.

Dansez, dansez, princesses,
Dansez, dansez, seigneurs,
Au milieu des richesses,
Au milieu des splendeurs.
Dansez, dansez, princesses,
Dansez, dansez, seigneurs!

TOUS.

Dansez, dansez, princesses,
Etc., etc.

(Sur le refrain, Charmant et Cendrillon, et une partie des
courtisans, exécutent un passe-pied.)

CENDRILLON.

DEUXIÈME COUPLET.

La malheureuse abandonnée,
Qui seule se désespérait,
Dans le coin de la cheminée
Se trouvait assise et pleurait.
Or, vous, que sa tristesse afflige,
Apprenez tous que ce soir-là
Je ne dis pas par quel prodige....
Mais le fils du roi lui parla.

DE LA PINCHONNIÈRE. Ciel!

URANIE, la regardant. Hein!

CENDRILLON.

Dansez, dansez, princesses,
Dansez, nobles seigneurs,
Etc., etc.

(Sur le refrain, reprise du passe-pied.)

TOUS, entourant Cendrillon. Délicieuse! ravissante!

DE LA PINCHONNIÈRE. Oh! je me trompais!

URANIE, s'évanouissant. J'étouffe! j'étouffe!

JAVOTTE et MADELON. Ma mère!

JOLICOCO. Elle se trouve mal!

JAVOTTE, s'évanouissant. Oh! moi aussi! moi
aussi!

JOLICOCO. Ciel! mademoiselle Javotte!

MADELON, s'évanouissant. Oh! moi aussi! moi
aussi!

JOLICOCO. Et mademoiselle Madelon!

DE LA PINCHONNIÈRE. Elles se trouvent
toutes mal!

HURLUBERLU. Elles ont raison. Qu'on les
emporte! (Il sort, suivi d'une partie des seigneurs.)

CHŒUR.

AIR de M. Victor CHÉRI.

O surprise! ô nouveau scandale!
Quoi! trois évanouissements?
Dans une demeure royale,
Eh quoi! de tels événements?
O surprise! ô scandale!

(La foule entoure les femmes évanouies. Des valets
emportent Javotte et Madelon. De la Pinchonnière sou-
tient Uranie; celle-ci, s'apercevant du départ du roi,
veut courir après lui. Elle donne la queue de sa robe à
porter à son mari, et sort lestement. Cendrillon, qui,
par bienveillance, s'était approchée d'elle, s'arrête.
Le premier coup de minuit sonne. Elle jette les yeux
sur la pendule et s'écrie avec effroi :)

CENDRILLON. Minuit!... fuyons!... (Elle s'enfuit. — Suite de l'air.)

CHARMANT, traversant la foule pour aller à elle.

Par nos soins préparés,
Que cent plaisirs nouveaux ramènent l'allégresse.

(Écoutant l'horloge qui sonne toujours.)

Minuit!...

(Cherchant Cendrillon.)

Où donc est la princesse?
O ciel! elle est perdue!... Accourez! accourez!

(Tous les seigneurs redescendent en scène.)

La reine du bal est partie!
Cherchez, cherchez de toute part.
C'est mon idole! c'est ma vie!
Il faut empêcher son départ!...

CHŒUR.

La reine du bal est partie!
Cherchons, cherchons de toute part.
Quand le prince nous y couvie,
Il faut empêcher son départ.

(Sortie générale. — Changement à vue.)

———

(Le théâtre représente une partie des jardins du palais. — Effet de nuit. — Les fenêtres du château sont illuminées. La lune jette ses reflets argentés sur les arbres et sur le grand escalier de marbre qui conduit de la salle du bal dans le parc.)

—

SCÈNE PREMIÈRE.

CENDRILLON, RIQUIQUI, puis le concierge MARTEAUTILIFONTIDAS.

(On aperçoit deux ombres qui se glissent, en tremblant, le long des rampes du grand escalier, dont il faut suivre les nombreux méandres avant d'arriver en scène. C'est Cendrillon et Riquiqui couverts de haillons.)

RIQUIQUI, arrivant en scène. Par ici, mamzelle, nous allons retrouver le carrosse.

CENDRILLON. Non! j'ai désobéi, nous ne le retrouverons pas!

RIQUIQUI, examinant la cour d'entrée. C'est vrai! rien, rien! Il était là, pourtant.

CENDRILLON. Qu'allons-nous devenir? comment sortir d'ici?

RIQUIQUI. Ah! maudits rafraîchissements, qui m'ont fait oublier l'heure!

CENDRILLON. Regarde, regarde là-haut, au sommet de l'escalier.

RIQUIQUI. Des lumières!

CENDRILLON. On nous cherche!

RIQUIQUI. Ah! bien! si l'on nous trouve dans cet état...

CENDRILLON. A tout prix, sortons!

LE CONCIERGE, qui est entré depuis un moment avec une lanterne et les guette. Qui va là?

CENDRILLON. Nous sommes perdus!

LE CONCIERGE, braquant sur eux sa lanterne. Des mendiants, ici!

RIQUIQUI, balbutiant. Oui, oui, nous étions là... nous avons rentré le carrosse, vous savez... le beau carrosse qui...

LE CONCIERGE. Le carrosse! mais en effet il était là... (Les saisissant.) Qu'en avez-vous fait?

RIQUIQUI. Nous ne l'avons pas. (Avec conviction.) Fouillez-nous!

LE CONCIERGE. Des mendiants au château! Voulez-vous partir bien vite!... Sortez par ici, afin que je voie si vous n'emportez rien. (Il les entraîne sous un péristyle éclairé. Ils disparaissent sous le portique.)

SCÈNE II.

SAPEURS, SEIGNEURS, GARDES, CUISINIERS, MARMITONS, puis LE PRINCE CHARMANT et JOLICOCO, ensuite HURLUBERLU.

(A peine ont-ils quitté la scène qu'on aperçoit, en haut de l'escalier, les sapeurs du roi Hurluberlu, portant chacun une lanterne bleue au bout d'un bâton. Ils font leurs recherches dans tous les coins et recoins des terrasses et escaliers, au pas de course. Derrière les sapeurs, viennent des seigneurs portant les uns des lanternes blanches, les autres des lanternes rouges. Les escouades de gardes de toutes sortes se succèdent rapidement, éclairées de lanternes violettes, vertes, roses, de toutes couleurs, toujours par groupes. Après ce défilé, au pas gymnastique, terminé par les marmitons blancs, le prince Charmant et Jolicoco descendent d'une terrasse. Le roi Hurluberlu fait son entrée, un gros rat de cave allumé en main.)

LE PRINCE CHARMANT, désolé. Perdue! perdue pour moi!

JOLICOCO, ramassant une pantoufle de verre. Oh! prince!

LE PRINCE CHARMANT et HURLUBERLU. Quoi donc?

JOLICOCO. Regardez donc?... (Un rayon de lumière électrique vient éclairer la pantoufle merveilleuse.)

LE PRINCE CHARMANT. Une pantoufle! L'une des siennes, je la reconnais.

JOLICOCO et HURLUBERLU. Moi aussi!

LE PRINCE CHARMANT. Ah! ma fortune, mon futur royaume, ma vie, à qui retrouvera la maîtresse de cette merveilleuse pantoufle! (Toute la partie gauche des terrasses et du château disparaît. On voit, au milieu des nuages d'or, la Fée des vers luisants environnée d'une éblouissante auréole, des fées sont groupées à ses pieds.)

LA FÉE DES VERS LUISANTS. La maîtresse de la pantoufle merveilleuse, prince, c'est à toi de la retrouver! Ne t'ai-je pas dit : Cherche et tu trouveras?

(Décors de M. Robecchi.)

FIN DU DEUXIÈME ACTE.

———

ACTE TROISIÈME.

(Intérieur d'auberge, un lit au fond, table de nuit, concou, chaises, table servie à droite, table vide à gauche.)

—

SCÈNE PREMIÈRE.

MERLUCHETTE, GARÇONS D'AUBERGE, ensuite JOLICOCO.

MERLUCHETTE, aux garçons qui achèvent de mettre le couvert. Dépêchez, dépêchez donc! le grand sénéchal va revenir, et vous savez qu'il ne veut pas attendre.

UN GARÇON. Un grand sénéchal qui dîne et couche à l'auberge, c'est assez drôle!

MERLUCHETTE. Pas de réflexions. Voilà le couvert mis, le repas commandé doit être prêt, monseigneur peut arriver quand il voudra.

JOLICOCO, qui vient d'entrer. Et il veut arriver tout de suite, souper tout de suite et dormir tout de suite. Allons, allons, servez, servez chaud.

MERLUCHETTE. Voilà, monseigneur, voilà. (Elle sort suivie de ses garçons.)

JOLICOCO, seul. « Jolicoco, m'a dit le prince après la fuite de sa belle inconnue, cours, vole, parcours le pays, la province, le monde entier et ramène-la, sinon ne te présente jamais devant moi! » La ramener, qui? une inconnue. La chercher, où? à travers les monts et les plaines? Ma foi, non! En m'éloignant du palais j'ai rencontré cette auberge, j'y suis entré, et je vais y souper et m'y coucher. Demain j'y déjeunerai, j'y dînerai, j'y resouperai, j'y recoucherai, et ainsi de suite, jusqu'à l'arrivée des fameuses princesses que l'on m'annonce. Car c'est fort curieux; on me mande que mille et une princesses de tous les pays du monde, humiliées de l'indifférence du prince, viennent en personne pour le fasciner.

MERLUCHETTE, précédant les garçons chargés de plats. Monseigneur est servi.

JOLICOCO. Très-bien! et ma chambre?

MERLUCHETTE. Elle est là, à côté; le lit est bassiné et tout prêt à vous recevoir, monseigneur.

JOLICOCO. A merveille, retirez-vous, car je n'aime pas qu'on me regarde manger : ça me fait avaler de travers. (Il se met à table et mange avec appétit. L'hôtelière et les garçons sortent.)

SCÈNE II.

JOLICOCO, RIQUIQUI.

RIQUIQUI, arrivant en haillons et se glissant à pas de loups. Si je pouvais me faufiler... Oh! que ça sent bon ici!... C'est le fricot de ce monsieur qui mange là-bas... Est-il heureux de manger... Quand on pense que depuis hier soir.... je cours l'estomac vide. J'espérais souper après le bal ; mais il a mal fini le bal, et... (Reniflant.) Que ça sent donc bon! Ah! ma foi, tant pis, j'ai trop faim, je me risque. (A Jolicoco.) Monsieur. (Le reconnaissant.) Oh! le sénéchal!... (Il dissimule son visage.)

JOLICOCO. Hein! quoi?... que vois-je?... un mendiant!

RIQUIQUI, se cachant la figure. Oui, monsieur, un pauvre malheureux qui est à jeun et qui trouve que ça sent bon.

JOLICOCO. Arrière, palsambleu! Va-t'en, misérable gueux; va-t'en, ou je te fais chasser!...

RIQUIQUI. Je m'en vas, je m'en vas, monseigneur. (Il s'éloigne lentement. A part.) Oh! y n' faut pas qu'il me reconnaisse ; mais c'est drôle... le besoin... (Se laissant tomber assis devant la table vide.) Je ne puis plus marcher! (Il tombe en défaillance.)

SCÈNE III.

LES MÊMES, LA FÉE DES VERS LUISANTS, apparaissant dans le développement de la grande armoire.

LA FÉE, s'adressant à Jolicoco. Ah! sénéchal! tu désobéis à ton maître, et de plus, tu as mauvais cœur. Eh bien! sois récompensé selon tes mérites. (La table sur laquelle mange Jolicoco se renverse sens dessus dessous, les pieds en l'air; au même instant la table vide, placée devant Riquiqui, s'agrandit, se couvre de mets recherchés et de vaisselle d'or. Riquiqui se trouve vêtu avec les vêtements du Sénéchal et Jolicoco habillé avec les vêtements de mendiant de Riquiqui.)

JOLICOCO, s'examinant. Hein!

RIQUIQUI, même jeu. Quoi!

JOLICOCO. Ah!

RIQUIQUI. Oh!

JOLICOCO. Palsambleu!

RIQUIQUI. Saperlipopette!

JOLICOCO, allant à Riquiqui. Monsieur, que signifie?

RIQUIQUI, avec hauteur. Passez votre chemin, ivrogne. (Il mange.)

JOLICOCO.

Air de *La Girafe et l'Ours Martin.*

Morbleu! vertubleu! palsambleu!
Mais on pourrait m'entendre,
Et certes, je dois en ce lieu
Ne pas faire d'esclandre.

(La fée étend sa baguette sur lui et disparaît. Il se sent pris d'envie de dormir.)

JOLICOCO, balbutiant.

Donc, sans me fâcher,
Je vais me coucher.
Il m'a traité d'ivrogne,
(Se dirigeant en chancelant vers sa chambre.)
Mais j'aurai mon tour
Quand il fera jour.

(Il se heurte à la porte.)

Allons, bon! je me cogne.

(Il sort à moitié endormi.)

SCÈNE IV.

RIQUIQUI, seul, puis LA FÉE,

RIQUIQUI.

PREMIER COUPLET.

Air du *Calife de Bagdad* (BOÏELDIEU).

D'où vient cette dinde truffée?
D'où me vient ce costume-là?...
C'est peut-être la bonne fée
Qui m'avait requinqué déjà.
Ah! qu'une fée est donc heureuse,
De pouvoir, juste et généreuse,
Du riche reprendre le bien,
Et donner tout à qui n'a rien!
Oui, c'est très-bien, très-bien, très-bien
De donner tout à qui n'a rien. (*Bis.*)

DEUXIÈME COUPLET.

Ce souper-là me ravigotte...
Mais la dinde, en me régalant,
Vient de me rappeler Javotte,
Ma Javotte que j'aime tant!
C'est d'un riche qu'elle est coiffée...
O ma bonne et puissante fée!
Du riche reprenez le bien,
Donnez Javotte à qui n'a rien.
Puisque Javotte est mon seul bien,
Qu'elle appartienne à qui n'a rien!

LA FÉE, reparaissant. Oh! mais, c'est trop demander à la fois; et toi-même, mon garçon, tu oublies ta maîtresse. Il faut que je t'y fasse songer. Voyons, le sénéchal — qui devrait courir après ma filleule — dort bien paisiblement. Ce n'est pas convenable non plus. Il me faut les rappeler tous deux à leur devoir. (Elle étend sa baguette vers la chambre de Jolicoco; à l'instant même celui-ci, en caleçon et en bonnet de coton, entre, sommeillant, un bougeoir allumé à la main. La fée disparaît.)

SCÈNE V.

RIQUIQUI, JOLICOCO.

JOLICOCO, endormi. Hein! quoi! qu'est-ce que je fais là? Je ne suis donc pas couché? Mais non, puisque voilà mon lit; recouchons-nous. (Il va au lit du fond.)

RIQUIQUI, attablé, se retourne et l'aperçoit. Qu'est-ce que c'est que ça?... encore lui!...

JOLICOCO, déposant son bougeoir sur la table de nuit. Pourquoi donc me suis-je relevé?...

RIQUIQUI, allant à lui. Ah! mais non, ce lit-là, c'est le mien; j'en ai besoin, monsieur.

JOLICOCO, mettant une jambe sur le lit. Je dors tout debout.

RIQUIQUI, lui prenant l'autre jambe. Dites donc, vous vous trompez de lit.

JOLICOCO, dormant. Hein! passez votre chemin! Qu'est-ce que vous dites?

RIQUIQUI. Je dis que vous êtes sorti de votre chambre, — je ne sais pourquoi faire... mais ce n'est pas ici chez vous!...

JOLICOCO, endormi, reprenant son bougeoir et s'en retournant à sa chambre. Ah! pardon!... je disais aussi, je ne me reconnais plus...

RIQUIQUI, apercevant un second bougeoir qui vient de prendre la place de celui que Jolicoco emporte. Eh bien! qu'est-ce qu'il fait, il oublie son bougeoir. (Saisissant le second bougeoir et le portant à Jolicoco.) Hé! monsieur, votre bougeoir que vous oubliez! (Jolicoco prend machinalement le second bougeoir et s'endort à la porte de sa chambre, la tête appuyée sur la muraille, les deux bougeoirs à la main.) — (Bâillant et s'étirant.) Son sommeil me gagne, et, maintenant que j'ai bien mangé, il me semble qu'un instant de repos... Oui, c'est une idée, parce que... (Apercevant un troisième bougeoir.) Ah! c'est trop fort! Comment! il a rapporté... (Il va prendre le bougeoir, un quatrième apparaît.) Hein! encore un?... (Il le prend, il en apparaît un cinquième.) Et encore (Même jeu.), et un sixième! six chandelles dans six bougeoirs.

mais je ne veux pas de cette chandelle des six. (Portant tous les bougeoirs à Jolicoco,) Voulez-vous reprendre tout ça, vous?

JOLICOCO, lui donnant les deux bougeoirs qu'il portait. Voulez-vous me laisser tranquille, vous, à la fin?

RIQUIQUI. Comment! il me donne tous ses bougeoirs? mais je ne veux pas de son illumination. Ohé! la boutique! (Les garçons reviennent et le débarrassent de ses chandeliers. Jolicoco profite de cet incident pour aller se fourrer dans le lit.)

JOLICOCO, couché. On me laissera peut-être dormir, à la fin. (A peine est-il couché que le lit se dédouble. La partie sur laquelle il se trouve monte vers le plafond.)

RIQUIQUI, se croyant seul. Me voilà débarrassé de toute cette chandellerie... Ah! il s'est décidé à partir. Bien!... couchons-nous. (Se couchant.) O Javotte! puisses-tu m'apparaître en songe!... (Jolicoco ronfle bruyamment.) Tiens! je ne suis pas encore endormi et je ronfle déjà; c'est ça qui est bizarre! (Ici le lit supérieur de Jolicoco redescend, les deux lits n'en font de nouveau plus qu'un.)

JOLICOCO, rêvant. Ah! Madelon, que tu es belle!

RIQUIQUI. O Javotte, que je t'aime! (Tous les deux se tiennent embrassés.)

JOLICOCO, le repoussant. Hein! qu'est-ce que c'est que ça?

RIQUIQUI, le repoussant. Quelqu'un dans mon lit!...

JOLICOCO, furieux. Comment!... c'est encore toi?

RIQUIQUI, furieux. Ça ne va donc pas finir?...

JOLICOCO, prenant son oreiller. Attends, gueux!...

RIQUIQUI, s'armant du sien. Ah! tu m'attaques!

JOLICOCO. Brigand!

RIQUIQUI. Bandit! (Ils se battent à coup d'oreillers. Dans la mêlée, changement de place. Le lit se partage encore, et c'est Riquiqui qui monte à son tour.)

JOLICOCO, tapant sur son oreiller. Rends-toi, misérable!.....

RIQUIQUI. (Même jeu.) Rends-toi, gredin... Eh bien! où est-il donc passé?...

JOLICOCO, en bas. Comment, après avoir fondu sur moi, il a fondu sous moi.

RIQUIQUI, en haut. Il est peut-être sous le lit. (Il veut descendre; passe une jambe hors du lit et s'aperçoit qu'il est en l'air.) Ah! sapristi!... où suis-je?...

JOLICOCO, regardant en l'air. Comment! il s'est enlevé là-haut!

RIQUIQUI. Veux-tu m' lâcher, scélérat!

JOLICOCO. Est-il bête! il croit que je le tiens! (Le lit redescend doucement.)

RIQUIQUI. Ah! il redescend.

JOLICOCO. Bigre! ne redescends pas, tu m'écrases! (Jetant un grand cri.) Oh! (Il est aplati par le lit de Riquiqui.)

RIQUIQUI. Je l'ai aplati, et, vainqueur, je couche sur le champ de bataille. (On entend crier Jolicoco.) Tu es dessous, avoue que tu es dessous.

JOLICOCO, d'une voix étouffée. Ouvrez! ouvrez!

RIQUIQUI. Où est-il donc? (Bruit de vaisselle brisée.) Comment! il casse de la porcelaine? Ah! c'est dans ma table de nuit! (Il se lève et aide Jolicoco à sortir de la table de nuit.) Canaille!...

JOLICOCO, d'un air piteux. Il est cassé.....

RIQUIQUI, rageant. Ah ça! est-ce que vous espérez m'ennuyer comme ça toute la nuit, vous?...

JOLICOCO. Plaît-il? hein?

RIQUIQUI. Il est sourd comme un pot.

JOLICOCO. Ne parlez pas de pot.

RIQUIQUI, le conduisant vers le coucou. Venez, mon bon ami, soyez bien gentil! entrez là.

JOLICOCO. Là? pourquoi faire?

RIQUIQUI, le poussant et fermant le coucou. Pour me flanquer la paix.

JOLICOCO. (Il passe la tête par la lucarne du coucou.) Horreur! voulez-vous m'ouvrir?

RIQUIQUI, se recouchant. Oui, va; crie, beugle, je dors!

JOLICOCO. Mais c'est affreux, c'est abomi-

nable! Allons, bon! le balancier qui me frictionne les reins.

RIQUIQUI, qui s'est recouché. O Javotte!... Je t'épouserai... tu seras à moi, ou je mettrai tout sens dessus dessous.

LA FÉE, reparaissant un moment. Ah! tu veux mettre tout sens dessus dessous. Eh bien, sois satisfait. (Elle disparaît.)

(Au commandement de la fée, on voit tous les meubles grimper le long des murs jusqu'au plafond. La grande armoire, la table de nuit, les chaises, le coucou e le lit de Riquiqui virent et se renversent. A ce moment, la chambre aussi se met à l'envers. Le plafond devient le plancher, le plancher le plafond. Les fenêtres, les portes et les tableaux, se retournent. Jolicoco, la tête en bas, sort du coucou et crie comme un possédé. Riquiqui s'agite, épouvanté, dans son lit, les bras pendants. Grand brouhaha. — Changement à vue.)

(Le théâtre représente le bord d'un étang dans un bois. — Un banc de gazon à droite.)

SCÈNE PREMIÈRE.

URANIE, JAVOTTE, puis MADELON.

JAVOTTE. Mais, maman, où allez-vous donc?

URANIE, marchant à grands pas. Je ne sais! je ne sais! je ne sais!

JAVOTTE. Il me semble que nous nous éloignons de notre chemin.

URANIE. Notre chemin, où est-il? où le prends-tu? où allons-nous?...

JAVOTTE. Ne retournons-nous pas au manoir?...

URANIE, avec amertume. Au manoir... chez M. de la Pinchonnière? Fi!

JAVOTTE. Où donc, alors?

URANIE. Où?... Suivez-moi, retournons au palais.

MADELON, qui vient d'entrer en se traînant, et tombant sur un banc de gazon. Ah! non, ah! non, ah! non!...

URANIE. Qu'est-ce à dire?

MADELON. C'est-à-dire que nous sommes plus près du manoir que du palais, que je suis fatiguée et que, bien certainement, je vais me reposer.

JAVOTTE. Quel calme! Mais, malheureuse, oublies-tu qu'on nous a chassées du palais?

MADELON. Raison de plus pour n'y pas retourner.

URANIE. Chassée, moi! chassée avec mes filles!

JAVOTTE. Et M. de la Pinchonnière qui nous a abandonnées.

MADELON. Et notre carrosse que nous ne retrouvons plus...

URANIE. Qu'importe tout cela? je n'ai qu'une pensée, moi! l'outrage que nous avons reçu, et cela au moment de notre triomphe, quand toute la cour était à mes pieds, quand le roi lui-même venait de me proclamer une riche nature.

JAVOTTE. Le roi nous avait si bien accueillies!

MADELON. Pas trop; on ne nous faisait même pas asseoir.

JAVOTTE. C'est égal, le prince n'avait des yeux que pour moi, et sans l'arrivée de cette inconnue...

URANIE. De cette ensorceleuse! Mais maintenant qu'elle n'y est plus, on peut ressaisir la victoire. C'est dit, mes filles. Retournons sur nos pas!

MADELON. Encore?

JAVOTTE. Eh quoi! maman, vouloir rentrer dans un château d'où l'on nous a mises à la porte?
URANIE. A la porte!

AIR : *Palati, Patata.*

A la porte! est-ce toi,
Bien toi, qui devant moi
Tiens ce langage
Qui m'outrage?
On me chasserait, moi?
Non, j'en donne ma foi,
Je tiendrai tête, même au roi.

Quand tous les sénéchaux,
Viendraient, de leurs prévôts,
De soldats escortés,
Pour me dire : Arrêtez!
Je me cramponnerais
Aux portes du palais;
Rien ne surpasse
Mon audace.
Et, malgré les laquais,
Les gardes du palais,
De force, oui, j'y rentrerais.
Une belle aux yeux doux,
Sans craindre mon courroux,
D'un prince sans grandeur
Nous enlève le cœur.
Oh! je me vengerai,
Je la démasquerai,
Oui, moi! moi! de la Houspignolle!
J'en donne ma parole,
Et ma parole, à moi,
Sarpejeu! vaut celle du roi!

A la porte! est-ce toi,
Bien toi, qui devant moi
Tiens ce langage
Qui m'outrage?
On me chasserait, moi?
Non, j'en donne ma foi,
Je tiendrai tête, même au roi!

JAVOTTE. Certainement, je partage votre ressentiment; mais pouvons-nous employer la force, nous, de faibles femmes?...
URANIE. Tu as raison. Ce n'est pas la force qu'il faut employer, c'est la ruse...
MADELON, toujours sur son banc. Mon Dieu, que je suis mal assise!
JAVOTTE. La ruse!... mais laquelle?
URANIE. Je ne sais : cherchons.
JAVOTTE. Oui, cherchons.
MADELON. Ah!
URANIE et JAVOTTE. Quoi donc?
MADELON. C'est lui, c'est M. de la Pinchonnière!
URANIE. Lui!
MADELON. Quel bonheur, s'il ramenait le carrosse.
JAVOTTE. Tu vois bien que non, puisqu'il est à pied.

SCÈNE II.

LES MÊMES, DE LA PINCHONNIÈRE.

DE LA PINCHONNIÈRE, entrant avec agitation. Ah! c'est vous que je rencontre... Tant mieux!
URANIE. Qu'avez-vous à nous annoncer?
DE LA PINCHONNIÈRE. Ah! madame, un grand malheur.
URANIE. Je vois que vous savez ce qui nous est arrivé... Le roi...
DE LA PINCHONNIÈRE, l'interrompant. Le roi? Il est bien question de lui. Ma fille Fleurette a disparu.
TOUS. Disparu!
DE LA PINCHONNIÈRE, pleurant. Oui, ma fille! mon filleul! je n'ai plus trouvé personne au logis.
URANIE. Et voilà ce grand malheur?
DE LA PINCHONNIÈRE. Comment, madame?
URANIE. Eh! monsieur, vous prenez bien votre temps pour venir nous entretenir de pareilles fadaises.
DE LA PINCHONNIÈRE, indigné. Fadaises?... Quand je vous dis...

URANIE. Assez!... Cherchez votre niaise de fille, cherchez votre imbécile de filleul, mais ne venez pas nous étourdir les oreilles de vos sottes plaintes.
DE LA PINCHONNIÈRE, se contenant. Eh bien, oui, madame... Certainement... je vais chercher ma fille... (Avec éclat.) Mais si je ne la retrouve pas...
URANIE. Eh bien?
DE LA PINCHONNIÈRE, doucement et avec chagrin. Je ne la retrouverai pas. (Élevant la voix.) Mais alors...
URANIE. Alors?
DE LA PINCHONNIÈRE, avec douleur. Je serai désespéré. (Avec force.) Et comme, à la fin de tout, je suis un homme...
URANIE. Vous?
DE LA PINCHONNIÈRE, doucement. Je le crois.
URANIE. Ah! vous le croyez?
DE LA PINCHONNIÈRE, avec force. Et je le prouverai!
URANIE. Plaît-il?
DE LA PINCHONNIÈRE, très-doucement. Certainement, je suis incapable de violence... parce que... Certainement... Mais si je ne la retrouve pas... (Regardant tour à tour Uranie et ses filles.) Si à cause de... humilié par... si réduit à... (Très-menaçant.) Ah! oui, je le prouverai; bien certainement, je le prouverai!
URANIE. Monsieur...

DE LA PINCHONNIÈRE.

AIR : *Voyage de Dunanan.*

Je suis bon, je suis doux;
Mais, le comprenez-vous :
Je suis père!
Si je suis votre époux,
Ma fille, comme vous,
M'est bien chère.
Je la perds, et je le prévois,
Hélas! si je ne la revois,
Rien alors ne m'arrêtera...
On verra ce que l'on verra!

ENSEMBLE.

URANIE et SES FILLES.

Nous dire qu'il est doux,
Et montrer devant nous
Sa colère.
Est-ce là { mon / son } époux?
Ah! déjà mon courroux
M'exaspère.

DE LA PINCHONNIÈRE.

Je suis bon, je suis doux;
Mais le comprenez-vous?
Je suis père!
Si je suis votre époux,
Ma fille, comme vous,
M'est bien chère.

(Il sort vivement.)

SCÈNE III.

URANIE, MADELON, JAVOTTE.

URANIE. Qu'est-ce à dire? il m'a menacée... je crois.
JAVOTTE. Oui, maman, il vous a menacée.
URANIE. Vertuchou!
MADELON. Ah! maman, ne criez pas comme ça... vous me faites *tressauter*.
URANIE. Me menacer pour une Cendrillon!
JAVOTTE. Ciel!
URANIE. Quoi donc?
JAVOTTE, désignant la gauche. Regardez! regardez!
URANIE. Le roi!
JAVOTTE. Il vient de ce côté.
URANIE, radieuse. Nous aurait-il suivies?
JAVOTTE. Que faire? que lui dire?
URANIE. Je n'en sais rien : venez, venez; il faut trouver une ruse, un prétexte... Le voici.

(A Madelon.) Lève-toi donc... Là, là, derrière ce bouquet d'arbres... (Elles se tiennent cachées à l'écart.)

SCÈNE IV.

LES MÊMES, cachées. HURLUBERLU.

HURLUBERLU, ruminant. Une pantoufle!... Est-ce une pantoufle que je cherche?... Oui, c'est une pantoufle... Où est-elle? Je n'en sais rien, puisque je la cherche... Mais pourquoi viens-je la chercher ici, puisque je sais qu'elle ne peut pas s'y trouver?... Au fait, pourquoi pas?... Tout est possible, puisque ce qui devrait être n'est pas, tout ce qui ne peut pas être, est.

AIR : *De la Femme à barbe* (Paul BLACQUIÈRES).

Depuis qu'hier dans mon palais,
On a trouvé cette pantoufle,
Seigneurs, soldats, pages, varlets,
Tout le monde à courir s'essouffle.
Croit-on que cet amour me sied?
Mon fils est amoureux d'un pied,
Qui l'ensorcèle et le rend bête!
Ce pied ne sort pas de sa tête!
Depuis hier, il cherche en vain,
Ce pied pour lui donner sa main.
De ce pied, pour avoir la paire,
Il use les pieds de son père...
La paire qu'il perd perd son père.

C'est désolant! désolant! désolant!

SCÈNE V.

HURLUBERLU, URANIE, JAVOTTE, MADELON, arrivant toutes trois et se prosternant aux pieds d'Hurluberlu.

URANIE. Ah! sire, sire, nous embrassons vos genoux.
HURLUBERLU. Si ça vous amuse?
URANIE. Ah! sire, il nous arrive un grand malheur.
HURLUBERLU. Relevez-vous, belles dames; relevez-vous...
URANIE. Hier, dans votre palais, ma fille, Javotte, a perdu sa parure de diamants...
HURLUBERLU. Ah ça! toutes les demoiselles ont donc perdu quelque chose à mon bal?
URANIE. Cette parure était d'un grand prix, sire; c'était un souvenir de famille... (Mélodramatiquement.) La parure de ma grand'mère.
HURLUBERLU. Tranquillisez-vous, je la ferai tambouriner, afficher... et en promettant une récompense honnête...
URANIE. Ah! sire, de grâce! laissez-nous aller la chercher nous-mêmes. Nous croyons savoir à peu près l'endroit où elle fut perdue.
HURLUBERLU. J'y consens parce que vous êtes une riche nature; mon carrosse m'attend à cinquante pas; je vais vous ramener au palais.
URANIE. Ah! sire, que vous êtes magnanime! (Bas à Javotte.) Toute la cour verra notre rentrée triomphale.
JAVOTTE, à part. O ravissement!
MADELON. Un bon carrosse?... Ah! tant mieux!
HURLUBERLU, à part. Si, en cherchant la parure, nous retrouvions la pantoufle!... Elle serait bien bonne...

AIR : *C'est un tambour.*

Donnez-moi votre bras, madame.

URANIE.

Ah! sire, vous êtes trop bon.

HURLUBERLU, recommençant ses œillades.

Cette faveur, je la réclame.

URANIE.

Sire, elle nous honore...

HURLUBERLU, faisant des petites mines.

Non!

URANIE.

Mes deux filles, suivez-nous donc!

HURLUBERLU, à part.

Elle est fort belle, je l'atteste.

URANIE, à part.

Une fois rentrée au palais,
Malgré le roi même, j'y reste.

HURLUBERLU.

Croyez qu'aucun bijou, jamais
Ne s'est perdu dans mon palais,

URANIE, JAVOTTE, MADELON.

Je crois qu'aucun bijou, jamais
Ne se perd dans votre palais.

(Sortie d'un côté, Cendrillon entre de l'autre; elle est couverte de guenilles, la fatigue l'accable.)

SCÈNE VI.

CENDRILLON, entrant. Perdue! Oh! tout à fait perdue! Riquiqui m'avait quittée pour tâcher de connaître notre route, et il n'est pas revenu. Je suis seule, toute seule! Voilà le grand jour et je marche au hasard... je marche, ne sachant encore si tout ce qui m'arrive n'est pas un rêve.

AIR nouveau de M. COLONNE.

Oh! le beau rêve que j'ai fait!
A la cour, brillante et parée,
Dans un bal j'étais admirée
De la foule qui m'entourait;
Je touchais presque au rang suprême,
Car, d'une voix qui me charmait,
Un prince m'a dit : Je vous aime! (*Bis.*)
Oh! le beau rêve que j'ai fait!

DEUXIÈME COUPLET.

Mais au réveil... affreux réveil!
Pour moi l'abandon, la misère...
Mon père même... pauvre père!
Notre sort doit être pareil.
Hélas! il me cherche, peut-être,
Depuis le lever du soleil...
Devant lui comment reparaître? (*Bis.*)
(Tombant épuisée sur le banc de gazon.)
Affreux réveil! affreux réveil!

SCÈNE VII.

CENDRILLON, RIQUIQUI, avec son costume de mendiant.

RIQUIQUI, à lui-même. V'là une drôle d'auberge! on y entre en loques; tout à coup on se trouve vêtu comme un prince, puis on va se promener au plafond, ce qui naturellement vous retourne, et quand on est retourné, ça vous met à l'envers. Enfin, on en sort et l'on se retrouve en loques, sans savoir où l'on est. (Apercevant Cendrillon.) Tiens! une mendiante!... Holà! ma brave femme! pourriez-vous m'indiquer mon chemin?

CENDRILLON, l'apercevant. Riquiqui!

RIQUIQUI. Mam'zelle Cendrillon! vous?...

CENDRILLON, se levant. Toi! Enfin je te retrouve!

RIQUIQUI. Toujours dans le même état... Oh! mam'zelle, pourquoi n'avez-vous pas regardé la pendule?... Vous êtes cause qu'à l'heure qu'il est... si les gardes champêtres nous rencontraient... on nous flanquerait au dépôt de mendicité... Et moi qui comptais sur vos talismans pour les prier de me faire toucher le cœur de celle que j'aime!...

CENDRILLON. Mes talismans!...

RIQUIQUI. Dame!... vos pantoufles... vous rappelez bien que votre marraine a dit qu'elles étaient fées?

CENDRILLON. Tu as raison... et grâce à elles, je pourrais peut-être!...

RIQUIQUI. Vous pourriez, si vous les aviez!

CENDRILLON. Hélas! je n'ai plus qu'une pantoufle; l'autre, je l'ai perdue en me sauvant de ce bal, où je suis allée pour mon malheur!

RIQUIQUI. Mais avec une... c'est tout ce qu'il nous faut... On n'a pas besoin d'avoir deux fées dans sa manche, pourvu que vous en ayez une à vos pieds...

CENDRILLON. Je ne l'ai pas gardée à mon pied, avec ce vilain costume (La tirant de son sein.) La voici. Si je commençais par lui demander, pour nous, des vêtements plus convenables?...

RIQUIQUI. Mam'zelle, les talismans, ça accorde tout ce qu'on veut, demandez-leur des habits magnifiques, il n'en coûtera pas davantage.

CENDRILLON. Eh bien! ma bonne petite pantoufle, je te demande, pour nous, deux superbes costumes... (Elle agite sa pantoufle. Cendrillon et Riquiqui se trouvent tous deux richement vêtus d'un côté, mais toujours en loques de l'autre.)

RIQUIQUI, regardant le bon côté et sa main gantée. Là!... au moins, comme ça... nous sommes plus présentables...

CENDRILLON, regardant son côté pauvre. Ah! mon Dieu!...

RIQUIQUI. Quoi donc?... (La regardant à son tour.) Ah! qu'est-ce que c'est que ça?

CENDRILLON. Nous ne sommes bien vêtus que d'un seul côté!

RIQUIQUI. Coupés en deux! comme une absinthe panachée. Vous n'avez pas assez demandé!

CENDRILLON. Tu crois?

RIQUIQUI. Voyez-vous, il faut savoir parler aux talismans... quand on ne leur dit pas juste ce que l'on désire...

CENDRILLON. Essaye si tu pourras faire mieux que moi... (Elle lui remet sa pantoufle.)

RIQUIQUI. Vous allez voir ça... Nous autres rêveurs... nous sommes habitués à vivre dans le fantastique! Pour commencer, comme il faut, avant tout, que nous sortions de cette forêt... j'ordonne à cette pantoufle de faire venir deux chevaux superbes. (A ce moment paraissent, à droite et à gauche, une moitié de cheval blanc et une moitié de cheval noir. La moitié blanche est le côté de la tête, la moitié noire le côté de la queue.)

RIQUIQUI. Sapristi! ça n'en fait toujours qu'un, ça.

CENDRILLON. Et encore!

RIQUIQUI. C'est vrai... et encore!

AIR : *C'était mon cousin La Jonchère.*

Dieu! quelle drôle d'aventure,
Et quel talisman curieux!
Mais, entre nous, ce qui m'rassure,
C'est qu'ces ch'vaux ne sont pas dangereux.
(Montrant la tête.)
De c'côté, je n'crains pas de ruade,
Quand même il s'rait des plus ardents.
(Montrant la queue.)
Et de c'côté là, je m'persuade,
Qui n'prendra pas le mors aux dents.

CENDRILLON. Tu n'es pas plus heureux que moi.

RIQUIQUI. J'y mettrai de l'entêtement! et puisque nous ne pouvons sortir de cette forêt, moi, qui suis très-fatigué, je demande à me reposer et à me rafraîchir à l'ombre d'un gentil petit pavillon.

CENDRILLON. Et moi, je demande un joli canapé pour m'asseoir.

(Riquiqui agite la pantoufle : la moitié d'un pavillon apparaît au fond à droite; on y voit la moitié d'une table, la moitié d'un pâté, la moitié d'une bouteille, la moitié d'un verre; le banc de gazon devient la moitié d'un canapé.)

CENDRILLON. Rien qu'une moitié de pavillon! rien qu'une moitié de canapé!

RIQUIQUI. Eh bien! je veux l'autre moitié! (La partie droite du pavillon disparaît. On voit apparaître la partie gauche. Il en est de même pour le canapé.) Saperlotte! toujours une moitié de tout!

AIR des *Gueux*, de BÉRANGER.

En deux!
En deux!
Tout nous vient en deux!
Est-ce assez affreux?
Je suis furieux!

PREMIER COUPLET.

Je me donne à tous les diables,
Serais-je toujours trompé?
Faut'y qu'nous soyons coupables,
Pour qu'tout nous arriv' coupé!
En deux! (*Bis.*)
Etc., etc.

DEUXIÈME COUPLET.

A c'talisman qui radote,
Et dont je crains le pouvoir,
J'aurais demandé Javotte...
Mais j'ai trop peur de la voir.....
En deux! (*Bis.*)
Tout nous vient en deux!
Une femme en deux!
Ce s'rait curieux.

CENDRILLON. Tu le vois, il est inutile d'insister.

RIQUIQUI. Ah! que nous sommes bêtes!

CENDRILLON. Eh bien! Riquiqui?

RIQUIQUI. Non!... je voulais dire... que j'suis bête! puisque la pantoufle ne donne que des moitiés, il n'y a qu'à demander le double de ce que l'on désire... c'est simple comme le grand sénéchal. Voyons, je suppose que nous voulions un domestique... eh bien!... j'ordonne à la pantoufle de m'en amener deux! (Paraissent deux moitiés de domestiques : l'une est la tête, les bras et le haut du corps; l'autre le ventre, les jambes et les pieds. Les deux moitiés se saluent.)

RIQUIQUI. Encore deux moitiés!

CENDRILLON. Qu'est-ce que cela veut dire?

FARHULAZ, entrant en riant. Ah! ah! ah! ah!

SCÈNE VIII.

LES MÊMES, FARHULAZ.

CENDRILLON. Ah! mon Dieu!

RIQUIQUI. Ah! qu'il est vilain!

FARHULAZ. Ce que cela veut dire? Rien de plus simple... Tu n'as que la moitié de ce que tu veux avoir, parce que tu n'as que la moitié du talisman que je t'ai donné.

CENDRILLON. Vous?

FARHULAZ. Ne me reconnais-tu pas?

CENDRILLON. Ah! oui, je me souviens.

FARHULAZ. Farhulaz.

CENDRILLON. Le génie de la montagne de feu!

FARHULAZ. Et tu n'as pas songé à moi?

CENDRILLON. A vous?

FARHULAZ. Car, moi seul, je puis créer une nouvelle pantoufle magique.

RIQUIQUI. C'est juste; moi, quand je perds un de mes sabots, c'est à la fabrique que je vais en chercher un autre.

CENDRILLON. A quoi bon, maintenant? n'ai-je pas désobéi à ma marraine?

FARHULAZ. Ta marraine t'en veut moins de ta désobéissance que de la perte de cette pantoufle.

CENDRILLON. Vous croyez? Cependant...

FARHULAZ. Songes-y, quand tu posséderas le talisman entier, tous tes désirs se réaliseront.

CENDRILLON. Mes désirs... Ah! mon père!...

RIQUIQUI. O Javotte!... Mamzelle, si le seigneur Farhulaz voulait bien compléter votre talisman?

CENDRILLON. Je n'ose le lui demander.

FARHULAZ. Demande!...

CENDRILLON. Que faut-il faire pour l'obtenir?

FARHULAZ. Suis-moi jusqu'à la montagne de feu.

CENDRILLON. Permettez que ce pauvre garçon m'accompagne?

FARHULAZ. J'y consens.

RIQUIQUI. Quel bonheur!

FARHULAZ, à part. Je saurai le perdre en chemin.

ENSEMBLE.

AIR de Victor Chéri.

Allons, plus de frayeur!
Partons! partons! le sort l'exige;
Car il faut un prodige
Pour me rendre au bonheur.

(Ils sortent.)

———

Le décor change et représente les gorges d'une haute montagne envahies de brumes. Farhulaz entre conduisant Cendrillon.

SCÈNE PREMIÈRE.

FARHULAZ, CENDRILLON.

CENDRILLON. Où me conduisez-vous?

FARHULAZ. Au sommet de la montagne de feu.

CENDRILLON. Je ne vois plus celui qui m'accompagnait.

FARHULAZ. Peut-être s'est-il égaré dans la montagne?

CENDRILLON. Alors il faut le chercher.

FARHULAZ. Toutes les routes conduisent à ce plateau : il va nous rejoindre.

CENDRILLON. Sommes-nous donc arrivés?

FARHULAZ. Presque. Dans un instant, enfant, vous serez aussi puissante que votre marraine.

CENDRILLON. Ah! ce n'est pas la puissance que je veux...

FARHULAZ, la regardant avec convoitise. Et pourquoi pas? Vous feriez la plus jolie petite fée.

CENDRILLON. De grâce, s'il est en votre pouvoir de me rendre à mon père, ne tardez plus, mettez un terme à ma mortelle inquiétude.

FARHULAZ. Vous allez être obéie, restez là. et ne vous effrayez de rien. (Il remonte.)

CENDRILLON, inquiète. Et seule, toute seule! Pourquoi donc Riquiqui m'a-t-il quittée? Malgré moi, j'ai peur.

FARHULAZ, sur le haut de la montagne. A moi, mes compagnons! à l'œuvre, génies de la montagne de feu!

(Changement à vue.)

———

Le théâtre représente les cratères embrasés de la montagne. Une pluie de feu tombe avec violence et forme un torrent en ignition. Les compagnons de Farhulaz, hideux comme lui, accourent à sa voix. Ils apportent un creuset embrasé, un moule flamboyant, et pendant le chœur fabriquent la pantoufle-talisman. Le verre en fusion coule du creuset dans un moule d'or.

CHŒUR.

AIR de M. Victor Chéri.

Accourons à la voix du maître
Qui seul ordonne en ce lieu.
Il appelle, il faut apparaître
Sur la montagne de feu!
Nous savons ce qu'il faut faire :
Une pantoufle de verre.
Travaillons, travaillons!
Des entrailles de la terre
Nous sortons, nous sortons,
Comme en sortent les démons!
Mais de richesses sans pareilles,
Notre maître nous comblera,
Quand la merveille des merveilles
De la fournaise sortira.
Que l'on souffle! (Ter.)
C'est cela;
La pantoufle, (Ter.)
La voilà!

(Après le chœur, Farhulaz montre la pantoufle à Cendrillon.)

CENDRILLON. Qu'ai-je vu?... Ah! je crois rêver.

FARHULAZ. Eh bien! ai-je tenu ma promesse?

CENDRILLON. Ah! comment reconnaître?...

FARHULAZ. Comment? Je vais te le dire... Trésor pour trésor; je te donne la puissance, il faut me donner ton amour.

CENDRILLON. Moi?...

FARHULAZ. Jeune fille, je t'aime!...

CENDRILLON, fuyant et se cachant la figure. Ah!

FARHULAZ. Tu fuis! je te fais peur... Ah! je comprends, tu ne vois en nous que les gnomes de la montagne. Sache donc que, si le destin nous condamne à ne nous montrer ailleurs que sous cet horrible aspect, ici, dans notre empire, nous pouvons être un peu moins laids : regarde!

(Tous les costumes tombent. Farhulaz et les siens sont vêtus en génies du feu. Costumes resplendissants.)

FARHULAZ. Hein!... que dis-tu de mon pouvoir magique? Tout à l'heure, je te faisais pitié; mais à présent... (Il s'approche d'elle.)

CENDRILLON, l'évitant. A présent, vous me faites horreur.

FARHULAZ. Ah! tu me repousses? Tremble!... Tu es en mon pouvoir.

CENDRILLON. Jamais! dussé-je me précipiter dans les flammes de ces fournaises!

FARHULAZ. Eh bien, soit! Là aussi, je suis roi! Ne suis-je pas le génie du feu? (Il se précipite sur Cendrillon, qui va se jeter dans le torrent de feu. Soudain on voit, entre les pics du roc du fond, la Fée des vers luisants qui surgit, portée par une grosse sphère d'argent. Elle s'écrie :) Arrête, Farhulaz!

SCÈNE II.

LES MÊMES, LA FÉE DES VERS LUISANTS.

FARHULAZ. La fée!

CENDRILLON. Ma marraine!

LA FÉE. Arrière, esprits du mal! (Farhulaz et les siens veulent résister. Les compagnes de la fée apparaissent, les génies du feu tombent anéantis sur le sol.) Cendrillon, je te sauve, mais je ne te pardonne pas encore. Ce n'est point un nouveau talisman qu'il faut m'apporter, c'est l'ancien que je veux, et pour te permettre de le chercher, je viens t'arracher de cet affreux séjour!

(Changement.)

(Sur un geste de la fée, toutes les fournaises, envahies par les eaux, s'éteignent, et le théâtre devient une sorte de paradis terrestre. On ne voit plus qu'un ciel d'azur, un lac bleu et des fées sortant magiquement des eaux et des massifs de fleurs.)

(Décors de M. Chéret.)

FIN DU TROISIÈME ACTE.

———

ACTE QUATRIÈME.

(Une chambre à coucher du manoir de la Pinchonnière.)

———

SCÈNE PREMIÈRE.

DE LA PINCHONNIÈRE, seul, puis URANIE.

DE LA PINCHONNIÈRE, assis et pensif. Cinq jours... cinq mortels jours... et pas de nouvelles!... Ah! maudite soit l'heure où m'est venue l'idée de ce fatal mariage!...

URANIE, entrant furieuse. Le fils du roi a découvert notre ruse; il ne nous a même pas permis de franchir le seuil du palais... il nous a fait jeter les portes au nez... Et le roi l'a laissé faire! (Apercevant de la Pinchonnière.) Que faites-vous là, monsieur?

DE LA PINCHONNIÈRE, relevant la tête. Plaît-il?

URANIE, impérativement. Sortez!... je veux être seule... seule!

DE LA PINCHONNIÈRE. Où voulez-vous que j'aille?

URANIE. Où vous voudrez.

DE LA PINCHONNIÈRE. Cette chambre est la mienne.

URANIE. Elle ne l'est plus à partir d'aujourd'hui... Elle me plaît, et je l'ai retenue pour moi.

DE LA PINCHONNIÈRE. Vous l'avez retenue? Eh bien! retenez bien encore ceci : je suis fatigué, malheureux, à bout de patience et de courage; ne m'asticotez pas... ne m'asticotez pas...

URANIE. Hein! qu'est-ce à dire?

DE LA PINCHONNIÈRE, avec calme. Rien... je ne vous dis rien... laissez-moi tranquille.

URANIE. Est-ce bien à moi que vous parlez?...

DE LA PINCHONNIÈRE. Je ne vous parle pas. Laissez-moi tranquille.

URANIE. Sortez, monsieur; sortez à l'instant, je vous l'ordonne.

DE LA PINCHONNIÈRE, se redressant. Vous ordonnez...

URANIE. Allez rejoindre votre fille et débarrassez-nous.

DE LA PINCHONNIÈRE. Ma fille!... vous osez parler de ma fille?...

URANIE. Monsieur!...

DE LA PINCHONNIÈRE. Eh bien, nous allons en parler, ainsi que de vos deux grandes pimbêches de demoiselles.

URANIE, menaçante. Prenez garde, une première fois, déjà ce mot...

DE LA PINCHONNIÈRE. Oh! oui, je m'en souviens.

URANIE. Et si vous osez répéter...

DE LA PINCHONNIÈRE. Oui, pimbêches... grues... drôlesses!

URANIE, levant la main pour le souffleter. Insolent!...

DE LA PINCHONNIÈRE, lui arrêtant le bras. Je crois que vous alliez frapper votre mari!

URANIE. Monsieur!

DE LA PINCHONNIÈRE, lui serrant le bras. A genoux, madame! à genoux!

URANIE, tombant à genoux. Aïe!...

DE LA PINCHONNIÈRE. Et maintenant, écoutez-moi.

URANIE, cherchant à se dégager. Vous me faites mal.

DE LA PINCHONNIÈRE. Ecoutez-moi : à l'avenir, vous et vos deux drôlesses de filles, vous serez mes domestiques.

URANIE. Vous me faites mal.

DE LA PINCHONNIÈRE. Vous ferez, près de moi ce que Cendrillon faisait près de vous.

URANIE, se débattant. C'est lâche, monsieur; c'est lâche!

DE LA PINCHONNIÈRE. Lâche!

AIR : *Je suis Français : mon pays avant tout.*

Oui, profiter de l'insigne faiblesse
D'un sot mari, qu'on croit avoir dompté,
Et sans pitié, même pour la jeunesse,
Persécuter la vertu, la beauté;
Oui, tu dis vrai; c'est de la lâcheté!
De trois serpents je me suis fait complice,
Et les punir, tant que je le pourrai,
C'est du bon Dieu devancer la justice,
Et ces serpents, je les écraserai!
Ah! tiens... j'ai peur de me faire justice,
Mais, désormais, tremble, j'ordonnerai!
Obéis! ou je t'écraserai! (Bis.)

(Il sort.)

SCÈNE II.

URANIE, seule. — Elle reste un instant à genoux, comme abrutie, puis tout à coup elle se relève tremblante de colère, en trépignant. Hou! hou! hou! hou! hou! Est-ce lui?.., est-ce moi?... Une de la Houspignolle, houspillée par un La Pinchonnière! O rage!... ô fureur! Hou! hou! hou! (Elle sort en jetant les portes. — Changement à vue. — Le théâtre représente la grand'salle du trône, au palais d'Hurluberlu, décor de M. Chéret.)

SCÈNE PREMIÈRE.

PAGES, HOMMES D'ARMES de toutes sortes, ensuite le PRINCE CHARMANT, JOLICOCO, OFFICIERS. — Au changement, les escaliers sont gardés par des hommes d'armes et encombrés de pages.

CHARMANT entre en scène, suivi de Jolicoco et de ses officiers. Allez! courez! que mes ordres soient accomplis. (Des officiers et des pages traversent précipitamment le théâtre et sortent de différents côtés. — A divers officiers.) Vous, à la porte du Nord; vous, à celle du Sud; vous, chez le roi mon père. Dites-lui que je le prie de se rendre ici. Vous, aux différents postes qui vous sont assignés. Soyez tous prêts quand vous entendrez le signal des fanfares. A votre tour, monsieur le sénéchal! Pourquoi osez-vous reparaître devant moi sans l'inconnue que je vous avais ordonné de me ramener?

JOLICOCO. Mais, prince, cette inconnue ne nous est inconnue que parce que nous ne la connaissons pas.

CHARMANT. Et qu'importe, monsieur? est-ce pour n'accomplir que des choses faciles que vous êtes grand sénéchal? Si les ordres que l'on vous donne sont exécutables, quel mérite avez-vous à les exécuter?

JOLICOCO. C'est très-juste, mais s'ils sont inexécutables, comment les exécuterais-je?

CHARMANT. Est-ce mon affaire? Suis-je vous? Êtes-vous moi? A quoi me servirait d'être prince, s'il fallait justifier mes caprices, si je ne pouvais en avoir que d'ordinaires, si j'étais obligé de rendre possibles les ordres que je donne? Enfin, à quoi me serviraient des serviteurs, si j'étais obligé de me servir?

JOLICOCO. Prince, n'ai-je pas fait l'impossible?... Moi qui vais vous présenter une foule de princesses connues et inconnues, venues de plus de trois mille lieues à la ronde?... Parmi tant de merveilles, peut-être retrouverez-vous celle que...

CHARMANT, l'interrompant. Assez! Oui, peut-être, parmi ces princesses... Toutes mes instructions sont données, dans dix minutes faites retentir le signal convenu. Allez!

JOLICOCO. Oui, mon aimable prince! (Il sort en faisant des saluts jusqu'à terre.)

SCÈNE II.

CHARMANT, HURLUBERLU, OCULI.

HURLUBERLU, qui vient d'entrer, suivi de son page Oculi. Le signal! quel signal?

CHARMANT. Ah! venez, mon père, je vous attendais; ce qui m'arrive est si extraordinaire!

HURLUBERLU. Allons, bon! encore du merveilleux!

CHARMANT. Vous savez qu'après avoir trouvé dans les jardins du palais cette pantoufle de verre appartenant à la ravissante beauté qui s'est enfuie, j'étais allé la déposer dans la salle des trésors, sous la garde de ces filles étranges que l'un de vos ancêtres, un peu magicien, avait trouvées dans une mine de diamants?

HURLUBERLU. Et que nous appelons nos Diamantines, des filles dont la jeunesse est éternelle et la vertu de même, des vrais objets rares, quoi!

LE PRINCE CHARMANT. Eh bien, je me trouvais donc seul, au milieu de ces filles prodiges qui ne parlent jamais, quand tout à coup, jugez de ma surprise, une voix se fait entendre. Étonné, je regarde, j'écoute; ô miracle! c'était la pantoufle de verre qui me parlait!

HURLUBERLU. Tu as entendu la voix d'une pantoufle?

LE PRINCE CHARMANT.

Air nouveau de M. Victor CHÉRI.

PREMIER COUPLET.

Elle me disait : Écoutez,
O vous dont le cœur désespère !
Rassemblez toutes les beautés
Du royaume de votre père.
De moi-même, je choisirai
De leurs pieds le plus fin modèle,
Et le pied que je chausserai
Sera celui de votre belle.

HURLUBERLU. Tiens! tiens! tiens! tiens! tiens!

LE PRINCE CHARMANT.

DEUXIÈME COUPLET.

Je connais bien le pied charmant
De celle que votre cœur aime ;
Et si je le vois seulement,
J'y retournerai de moi-même.
Car, prince, je vous l'avouerai,
Exprès je fus faite pour elle...
Et le pied que je choisirai
Sera celui de votre belle.

HURLUBERLU. Ah! voilà que j'ai une idée. Une idée charmante, tu vas voir. Nous allons rassembler toutes les jambes de mon royaume et nous les examinerons toutes. Vrai! je ne serais pas fâché d'examiner... (Fanfares au dehors.) Qu'est-ce que cela?

LE PRINCE CHARMANT. J'ai devancé vos ordres, mon père. Votre idée, je l'ai eue avant vous, et ces fanfares vous annoncent l'arrivée des plus charmantes princesses de toutes les parties du monde.

HURLUBERLU. Vite, improvisons un discours pendant le défilé ! Oculi, donne-moi mes tablettes. (Oculi lui remet les tablettes, le roi s'assied et se met à composer avec effort son discours.)

SCÈNE III.

HURLUBERLU, LE PRINCE CHARMANT, OCULI, JOLICOCO, TOUT LE CORTÉGE.

(Grand défilé. Cortège des mille et une princesses en costumes fantastiques de toutes les parties du monde. Elles descendent le grand escalier et saluent en passant le roi et le prince Charmant. Le défilé est terminé par l'escadron des filles-hussards et le bataillon des diamantines, escortant le palanquin royal qui porte la pantoufle de verre. Après le cortège, le roi se lève, tousse, crache, se mouche.)

HURLUBERLU. Oculi ! ...(Il lui remet les tablettes.) prends et souffle-moi ferme. (Haut.) Très-bien, princesses.....

OCULI, soufflant. Vous savez toutes...

HURLUBERLU. Vous savez toutes... ce qu'une fée, sous la forme d'une pantoufle...

OCULI, même jeu. Forme peu usitée...

HURLUBERLU, bas. Il y a forme? (Adhésion d'Oculi. Haut.) Forme peu usitée parmi les puissances magiques.

OCULI, soufflant. Exige de vous...

HURLUBERLU, déclamant. Exige de vous... s'il y a parmi...

OCULI, soufflant. Vous...

HURLUBERLU. Vous... oh! que de vous! (Reprenant son discours.)... un pied qui la chausse... la fée.

OCULI, bas. Non! la pantoufle...

HURLUBERLU, répétant. Non! la pantoufle...

OCULI, même jeu. Si la fée...

HURLUBERLU, balbutiant. Enfin, la fée,.. la pantoufle...

OCULI. Ce n'est pas ça...

HURLUBERLU, répétant. Ce n'est pas ça... non... la fée... non, la pantoufle!... (A Oculi.) Comme tu souffles mal, Oculi! (Haut.) Enfin, la fée... la pantoufle, et cætera, pantoufle! Enfin... à toi, mon fils, de choisir la place que doit occuper l'héroïne, je dirai plus, la reine de cette auguste cérémonie.

LE PRINCE CHARMANT, indiquant une place près du trône. Là, mon père. (Les princesses s'avancent par groupes de nationalité et mettent le pied droit sur un coussin, dans la direction de la pantoufle merveilleuse. Après chaque essai infructueux, pendant la ronde chantée par le sénéchal, chaque groupe cède la place à un autre groupe.)

JOLICOCO.

RONDE.

Air de M. Victor CHÉRI.

PREMIER COUPLET.

Les princesses de Trébizonde,
De Babylone et de Golconde,
Les houris du grand Turc Allah !

HURLUBERLU, désignant le coussin.

Qu'elles mettent le pied là.
Belles, approchez et montrez vos bas.

(Les princesses s'approchent et posent le pied droit sur le coussin.)

LE PRINCE CHARMANT.

La pantoufle ne bouge pas !

TOUT LE MONDE, répétant.

La pantoufle ne bouge pas !

DEUXIÈME COUPLET.

JOLICOCO.

Voici des Iles merveilleuses
Les princesses si gracieuses,
Vous pouvez remarquer cela...

HURLUBERLU.

Mettez toutes le pied là !
Belles, approchez et montrez vos bas.

LE PRINCE CHARMANT.

La pantoufle ne bouge pas !

TOUS.

La pantoufle ne bouge pas !

TROISIÈME COUPLET.

JOLICOCO.

Natives de lointains rivages,
Voici les charmantes sauvages,
Des îles de Radakala.

HURLUBERLU.

Mettez toutes vos pieds là,
Belles, approchez, et montrez vos bas.

LE PRINCE CHARMANT.

La pantoufle ne bouge pas !

TOUS.

La pantoufle ne bouge pas !

QUATRIÈME COUPLET.

JOLICOCO.

Les princesses des Iles bleues,
Qui viennent de dix-huit cent lieues.
Ordonnez, sire, les voilà !

HURLUBERLU.

Qu'elles mettent le pied là.
Tiens! mais elles n'ont ni robes ni bas.

LE PRINCE CHARMANT.

La pantoufle ne bouge pas !

TOUS.

La pantoufle ne bouge pas !

CINQUIÈME COUPLET.

JOLICOCO.

Les nymphes des Iles dansantes,
Iles des plus réjouissantes ;
On y danse, on n'y marche pas.

HURLUBERLU.

Qu'elles nous dansent un pas :
Nous verrons leurs pieds en voyant leurs bas.

LE PRINCE CHARMANT.

La retrouverai-je, hélas !

TOUS.

La pantoufle ne bouge pas !

GRAND BALLET.

(Les princesses de l'île des Fleurs personnifiant la terre ; les princesses des grottes de cristal personnifiant l'eau; les princesses de l'île des papillons symbolisant l'air; et les princesses de l'île des Volcans représentant le feu, procèdent infructueusement à l'appel du talisman : la pantoufle ne bouge pas ! Viennent ensuite les princesses de la nuit et la reine du soleil. Le bataillon des diamantines noël ses manœuvres militaires au ballet, puis il finit par se masser en se couvrant de ses boucliers de diamants, frappés de lumière électrique. Au-dessus de cette montagne lumineuse on voit planer la reine du soleil.)

FIN DU QUATRIÈME ACTE.

ACTE CINQUIÈME.

Un sentier dans une forêt.

SCÈNE PREMIÈRE.

CENDRILLON. (Elle arrive en marchant avec peine et couverte de haillons.) Ah! le chagrin, la douleur, plus encore que la fatigue, brisent mes forces et mon courage. (Elle s'appuie contre un arbre.) « Va, m'a dit ma marraine en m'arrachant au pouvoir de Farhulaz, retourne chez ton père. Un nouveau talisman ne pourrait te protéger; je l'ai juré, je ne puis rien pour toi, tant que tu n'auras pas retrouvé la pantoufle. » Qu'il m'a fallu de courage pour le fuir, ce jeune prince!... Le fuir!... quand il me disait : Je vous aime.

CHARMANT, au dehors. Laissez-moi, vous dis-je; ne me suivez pas!

CENDRILLON. Ciel! cette voix! le prince! Ah! s'il me voit ainsi! (Elle se cache derrière un arbre.)

SCÈNE II.

LE PRINCE CHARMANT, CENDRILLON.

CHARMANT, à la cantonade. Je vous défends de me suivre... Malheur à qui me désobéira!... (A lui-même.) Eh quoi! sans cesse obsédé, je ne puis faire un pas sans être suivi, épié! Je découvre partout, sur mon chemin, des gens qui se cachent, qui me guettent. Tout à l'heure, c'étaient trois serviteurs, qui, par ordre de mon père, m'attendaient blottis dans le creux d'un rocher. (Regardant autour de lui.) Ici, peut-être encore... (S'approchant de l'arbre.) Ah! quand je le disais! (A Cendrillon.) Qui êtes-vous? que faites-vous là?

CENDRILLON, cherchant à se cacher. Moi... rien... rien... monseigneur... la fatigue... je... je me reposais.

CHARMANT. Une mendiante! (Lui donnant une bourse.) Tenez, prenez et continuez votre route.

CENDRILLON. Une aumône! (Elle repousse la bourse et se cache le visage dans ses mains.)

CHARMANT. Vous refusez!... vous pleurez?

CENDRILLON. Merci, monseigneur, je n'ai besoin de rien!

CHARMANT. Alors, pourquoi pleurez-vous?

CENDRILLON. Je... je ne sais...

CHARMANT. Quelle que soit votre peine, sachez qu'il en est de plus grandes. Oui, il en est que ni la fortune ni la puissance ne peuvent adoucir.

CENDRILLON. Et c'est vous qui me dites cela, prince?

CHARMANT. Sans connaître vos malheurs, je suis bien sûr d'être plus malheureux que vous.

CENDRILLON. Plus malheureux, un prince?

CHARMANT.

Air de M. Victor Chéri.

L'objet de ma tendresse,
La belle que j'aimais,
Une jeune princesse
M'a quitté pour jamais.

CENDRILLON.

Pour jamais!

CHARMANT.

Pour jamais!
Loin d'elle, tout m'obsède;
Elle me fuit. Pourquoi?

CENDRILLON, à part.

Je suis trop laide (Bis.)
Pour lui dire : Est-ce moi?

CHARMANT.

DEUXIÈME COUPLET.

Mon Dieu! qu'elle était belle
Sous ses brillants atours!
En l'adorant, près d'elle
J'aurais passé mes jours.

CENDRILLON.

Toujours!

CHARMANT.

Toujours!
O ciel! viens à mon aide;
Elle seule a ma foi.

CENDRILLON, à part.

Je suis trop laide (Bis.)
Pour lui dire : C'est moi.

CHARMANT. Mais que vous importe? Puis-je faire quelque chose pour vous? dites, dites vite, parlez!...

CENDRILLON. Non; rien, rien. Cependant, si j'osais...

CHARMANT. Osez, voyons...

CENDRILLON. Eh bien... cette princesse que vous aimez...

CHARMANT. La connaissez-vous?

CENDRILLON. Je... je ne sais... vous ne me l'avez pas nommée.

CHARMANT. J'ignore son nom, je ne l'ai vue qu'un soir dans un bal de la cour.

CENDRILLON, à part, avec joie. Ah! c'est bien moi qu'il aime!

CHARMANT. Qu'avez-vous?

CENDRILLON. Rien... Je ne sais plus que dire... (Elle va se trahir, entre le sénéchal.)

SCÈNE III.

LES MÊMES, JOLICOCO.

JOLICOCO, entrant. Enfin, monseigneur, je vous retrouve!

CENDRILLON, se sauvant. Ciel! (Elle sort précipitamment par la droite.)

CHARMANT. Eh quoi! malgré ma défense...

JOLICOCO. C'est le roi votre père qui m'envoie...

CHARMANT. Écoutez-bien, monsieur le sénéchal, vous allez retourner près du roi et vous lui direz que je suis parti en voyage... seul!

Air nouveau de M. Victor Chéri.

C'est trop chercher, parmi tant de princesses,
Le pied charmant que je ne trouve pas.
Loin des palais, il est d'autres richesses,
Et chez le peuple il est d'autres appas!

Je me souviens de ce qu'a dit la fée :
Cherche partout, mais ne la cherche pas
Aussi jolie, aussi bien attifée;
Car l'apparence est trompeuse ici-bas.

Toutes les fleurs ne sont pas éclatantes,
Comme les lis et les camélias;
Mais il en est d'humbles et de charmantes,
Que l'homme aveugle en passant ne voit pas.

Cherche à tes pieds, parmi les pâquerettes,
Cherche, en rampant au milieu des buissons :
Les tendres fleurs, les humbles violettes,
Loin du soleil, poussent sous les gazons.

Or, parmi tant de jeunes jouvencelles,
Beaucoup aussi se cachent à l'amour.
Cherchons, cherchons, peut-être les plus belles
Ne brillent pas au soleil de la cour.

On vit des rois épouser des bergères,
Qu'importent donc des titres superflus?
Nobles blasons, dignités mensongères,
Un vain éclat ne m'éblouira plus.

Et de beautés, quand l'univers se peuple,
Qu'ils soient d'un chaume ou d'un bouge sortis,
Je chercherai, chez les filles du peuple,
Des cœurs plus grands et des pieds plus petits.

Le prince Charmant sort à gauche, défendent à Jolicoco de le suivre. Celui-ci part à droite. — (Changement à vue.)

(Le théâtre représente une des salles basses du château de la Pinchonnière.)

SCÈNE PREMIÈRE.

DE LA PINCHONNIÈRE, RIQUIQUI.

DE LA PINCHONNIÈRE, entrant, suivi de son filleul. Et c'est ainsi que tu l'as quittée, ma pauvre fille?

RIQUIQUI. Oui, parrain; je la suivais courageusement, décidé à lutter contre une armée de soldats... Patatras! v'là une ribambelle de monstres qui vomissent des flammes sur moi... Je n'étais pas préparé à ça... je n'ai jamais eu rien de commun avec les monstres! Si j'ai manqué de tête... je n'ai pas manqué de jambes... je les ai prises à mon cou... ça paraît difficile, mais je l'ai fait... Depuis ce temps-là, j'ignore pourquoi je ne suis pas mort de faim, de peur et d'amour...

DE LA PINCHONNIÈRE, pensif. C'était ma fille qui était à ce bal? Où est-elle, maintenant? Nous allons partir, tu me conduiras vers ce Farhulaz dont tu m'as parlé... il faudra bien que son ravisseur me la rende! Si j'arrive trop tard... si ma pauvre fille... Oh! je la vengerai... je le promets, je la vengerai...

RIQUIQUI. Parrain, tout se tient dans la nature; les jambes de l'homme n'obéissent à son imagination que lorsque son estomac fonctionne. Mon estomac est vide, et mes jambes flageolent. Voilà ma position anatomique. (Il se laisse tomber sur un siège.)

DE LA PINCHONNIÈRE. Comment! tu as faim, et tu ne me le disais pas? (D'une voix impérieuse.) Uranie! Uranie! Eh bien, mille tonnerres! ce déjeuner? (Il sonne.)

URANIE, au dehors. Voilà, mon ami, voilà!

RIQUIQUI. C'est à madame de la Houspignolle que vous parlez ainsi?

DE LA PINCHONNIÈRE. Oui, oui; n'est-elle pas la cause première, la cause unique de tout ce qui est arrivé de mal?

RIQUIQUI. Elle est cause que mon cœur, à force de battre, est devenu d'un gros, d'un gros...

DE LA PINCHONNIÈRE. Ton cœur?

RIQUIQUI, pleurant. Oh! parrain, j'en mourrai!

DE LA PINCHONNIÈRE. Tu mourras de quoi?

RIQUIQUI. Comment! de quoi?... Mais de mon mal de cœur! mais de mon amour, donc!

DE LA PINCHONNIÈRE. De ton amour pour qui?

RIQUIQUI. Vous n'avez donc pas plus d'mémoire qu'une autruche? Vous ne vous rappelez pas que j'aime l'adorable Javotte?...

DE LA PINCHONNIÈRE. Ah!... Tu l'aimes toujours?

RIQUIQUI. Puisque je vous dis que j'en mourrai.

DE LA PINCHONNIÈRE. Tu en mourras peut-être, mais ce sera de joie... car tu vas l'épouser!...

RIQUIQUI. Hein! pas de bêtise!

DE LA PINCHONNIÈRE. Oh! ce n'est pas un fameux cadeau que je te fais; mais tu la veux, tant pis! je te la donne pour femme.

RIQUIQUI. Parrain, ne plaisantez pas avec les choses du cœur... Pas de bêtise!

DE LA PINCHONNIÈRE. Et tout de suite, encore. (D'une voix impérieuse.) Uranie, ce déjeuner, mille tonnerres! (Il carillonne.)

SCÈNE II.

LES MÊMES, URANIE, vêtue en paysanne.

URANIE, un plat à la main. Voilà, voilà, mon ami.

RIQUIQUI, très-empressé. Ah! je ne souffrirai pas, madame de la Housp...

DE LA PINCHONNIÈRE, le faisant pirouetter. Reste là et tais-toi!

URANIE, à part. Son filleul!... que signifie?

DE LA PINCHONNIÈRE. Vous me faites bien attendre, madame.

URANIE. C'est le feu qui ne prenait pas. Je ne suis pas habituée...

DE LA PINCHONNIÈRE. Il faudra vous habituer. (A Riquiqui.) Tiens, mange, mon garçon!

RIQUIQUI. Mon parrain, je n'oserai jamais avoir faim devant madame.

URANIE. Eh quoi! c'est pour lui?...

DE LA PINCHONNIÈRE. Allons, mange tout de suite; dévore! avale! je le veux.

RIQUIQUI. Je dévore, j'avale... histoire de vous obéir. (Il mange avec avidité.)

DE LA PINCHONNIÈRE, à Uranie. Et vos deux grandes pécores de filles, elles ne peuvent donc pas vous aider?

RIQUIQUI, avalant de travers. Pécore!... Javotte... pécore!

URANIE, avec sentiment. Madelon pleure en cirant vos grosses bottes; Javotte sanglote en brossant vos habits.

RIQUIQUI, se levant et la bouche pleine. Javotte sanglote?

DE LA PINCHONNIÈRE. Rassieds-toi et bois. (A Uranie.) Elles pleurent? Elles sanglotent? Je pleure et je sanglote aussi, moi, qui par votre faute, à vous, par leur faute, à elles...

URANIE, avec une gentillesse forcée. Mais, mon ami, ce n'est pourtant pas notre faute si votre charmante fille, mademoiselle Fleurette...

DE LA PINCHONNIÈRE. Silence! Ah! vous osez me parler de ma fille... Eh bien, soyez satisfaite, j'ai de ses nouvelles.

URANIE. Ah!

DE LA PINCHONNIÈRE. Nous allons nous éloigner, mon filleul et moi, pour longtemps peut-être!

URANIE, avec joie. Ah!

DE LA PINCHONNIÈRE. Mais auparavant, je veux conclure un mariage auquel cet imbécile attache le bonheur de sa vie.

URANIE, avec crainte. Ah!

RIQUIQUI, à part, la bouche pleine, étranglant. Voilà le moment suprême! Je crois que ça aura de la peine à passer.

DE LA PINCHONNIÈRE. Nous allons de ce pas trouver le tabellion; il faut que dans un quart d'heure le contrat soit signé.

RIQUIQUI. Ah! ah! (A part.) Mangeons beaucoup pour cacher mon trouble?

URANIE. Dans un quart d'heure?

DE LA PINCHONNIÈRE. Ah! j'oubliais de vous dire que c'est votre fille Javotte que mon filleul épouse.

URANIE, avec éclat. Ma fille!

RIQUIQUI, étouffant et se levant en faisant des contorsions. Hum! hum! hum!

DE LA PINCHONNIÈRE. Qu'est-ce que tu as, animal?

RIQUIQUI. Rien... rien, parrain. C'est... c'est... le bonheur qui m'a fait avaler de travers.

URANIE. Ce... ce jeune homme veut épouser ma fille...

DE LA PINCHONNIÈRE. Eh bien!

URANIE. Permettez, mon ami, mais...

DE LA PINCHONNIÈRE. Nous serons de retour dans un quart d'heure... Qu'elle soit prête...

URANIE. Mais... mon ami... permettez...

DE LA PINCHONNIÈRE. Vous m'avez entendu, dans un quart d'heure. (A Riquiqui.) Suis-moi, toi!

ENSEMBLE.

AIR : *Je suis en colère.* (*Châteaux du Diable.*)

DE LA PINCHONNIÈRE.

Je veux et j'espère
Me voir obéi.
Femme doit se taire
Quand parle un mari.

URANIE, à part.

Eh quoi! moi, sa mère
J'unirais, ici,
Ma fille si chère
A ce Riquiqui?

RIQUIQUI.

Quel est ce mystère?
J'en suis abruti.
De la Pinchonnière
Lui parler ainsi.

(A Uranie.)

Quoi! sans le combattre,
Vous approuvez ce lien?

URANIE, à part.

Si j'osais le battre !...

RIQUIQUI.

Je vous remercî' bien.

REPRISE DE L'ENSEMBLE.

(Sortie de La Pinchonnière et de Riquiqui.)

SCÈNE III.

URANIE, seule, ensuite LE PRINCE CHARMANT, puis HURLUBERLU.

URANIE, cessant de se maîtriser dès qu'ils sont partis. Ventre de biche! et ne pouvoir sortir de cet enfer!

CHARMANT, au dehors. Par ici! Suivez-moi, mon père!

URANIE. Qui vient encore?

HURLUBERLU, au dehors. Te suivre? C'est impossible... je n'en puis plus.

URANIE. Qu'entends-je?... cette voix!

CHARMANT, entrant. Venez, venez, vous dis-je? (Il amène le roi en scène.)

URANIE, à part. Le prince et le roi! (Elle se tient cachée.)

HURLUBERLU. Une cuisine, à présent! Comment! tu me conduis à la cuisine?... Tu foules aux pieds ma dignité?

CHARMANT. Non! ce n'est pas ici que je la retrouverai. (Voulant ressortir.) Venez, mon père, cherchons encore...

HURLUBERLU, s'asseyant. Ah! pour cela non, par exemple, cuisine ou palais, chaise ou trône, je suis fatigué et j'ai faim. (Apercevant Uranie.) Hé! la cuisinière... (Reconnaissant Uranie.) Tiens! madame de la Houspignolle. Est-ce que vous êtes cuisinière ici?

URANIE. Sire, vous êtes chez moi... et c'est pour me distraire, c'est par hasard que...

HURLUBERLU. Eh bien! nous aussi, c'est par hasard que nous sommes entrés, ou plutôt c'est parce que votre habitation s'est trouvée sur notre route. Quelle promenade forcée! Voici cinq jours et cinq nuits que mon fils me fait parcourir mon royaume, entrant dans toutes les maisons pour m'y faire essayer une pantoufle. Ah! ma bonne madame de la Houspignolle, je ne suis plus un roi... je suis un cordonnier.

LE PRINCE CHARMANT. Hélas! je cherche vainement une jeune fille que les fées dérobent à ma vue. Mais j'ai juré de n'épouser que celle qui chaussera cette merveilleuse pantoufle perdue au bal de la Cour.

URANIE, à part. Au bal de la cour?... Quelle idée! (Haut.) Prince, cette pantoufle appartient à l'une de mes filles.

CHARMANT. Que dites-vous? Laquelle?

URANIE. Toutes les deux... oui, elles ont toutes les deux perdu leur pantoufle au bal de la cour.

CHARMANT. Il serait possible! Ah! qu'elles viennent! qu'elles viennent!

URANIE. A l'instant, prince. (Remontant.) Javotte!... Madelon!...

HURLUBERLU. Allons! bon, ça va recommencer.

SCÈNE IV.

LES MÊMES, MADELON et JAVOTTE, puis DE LA PINCHONNIÈRE, RIQUIQUI et JOLICOCO. — Les deux filles sont vêtues en paysannes. Madelon cire une botte, Javotte brosse un habit.)

JAVOTTE et MADELON. Voilà, maman! voilà!

CHARMANT. Non! non! ces demoiselles, je les reconnais... ce n'est pas elles!... Et s'il n'y a point ici une autre jeune fille... (Entrent de la Pinchonnière, Riquiqui et Jolicoco.)

DE LA PINCHONNIÈRE. Il y en avait une autre.

TOUS. Une autre?

DE LA PINCHONNIÈRE. Mais elle est perdue!

CHARMANT. Perdue! (Une musique douce se fait entendre, la Fée des vers luisants entre, et, à son geste, la grande cheminée se couvre de nuages. On aperçoit Cendrillon, toujours pauvrement vêtue, assise humblement au coin du feu. Tous les personnages demeurent immobiles devant cette apparition magique.)

SCÈNE V.

LES MÊMES, LA FÉE, CENDRILLON.

CENDRILLON.

AIR de *Cendrillon*, chanté au 1er acte (NICOLO.)

Vois, là-bas, dans ces tourelles,
Ce bal qui finit sans toi,
Et ces princesses, si belles,
Qui dansent devant le roi.
Hélas! sans être entraînée
Par ce brillant tourbillon,
Au coin de la cheminée } *Bis.*
Reste, pauvre Cendrillon. }

(Charmant présente, de loin, la pantoufle à Cendrillon. La pantoufle-talisman quitte sa main et va se placer, d'elle-même, au pied de la jeune fille.)

CHARMANT. Je la reconnais! Et, voyez!... la pantoufle merveilleuse va d'elle-même se placer à son pied! C'est elle!

DE LA PINCHONNIÈRE. Ma fille!... (Tous vont s'élancer vers elle. La fée lève sa baguette. Cendrillon disparaît.)

CHARMANT. Disparue!... perdue!... encore perdue!... C'en est trop, je veux mourir! (Il veut s'élancer au dehors; la fée le retient et lui dit:)

LA FÉE. Arrêtez, prince! Pénétrez avec moi dans le royaume des fées; et parvenu au terme de ce rapide voyage, vous trouverez Fleurette, vous trouverez le bonheur!

(Madame de la Houspignolle saute au cou de son mari et l'embrasse, puis elle unit Riquiqui à Javotte et Jolicoco à Madelon. Le théâtre devient obscur; quand le jour renaît, commence l'apothéose de M. Fromont, divisée en quatre parties. Pendant la dernière phase on voit la Fée des vers luisants unissant le prince Charmant à Cendrillon.)

FIN DU CINQUIÈME ET DERNIER ACTE.

PARIS. — IMP. POUPART-DAVYL ET Cᵉ, RUE DU BAC, 30.